金森隆志の岸釣りQ&A 50 パート2

ルアマガbooks
内外出版社

カバーデザイン　四方田 努（サカナステュディオ）
本文デザイン・DTP　サカナステュディオ
カバー写真　土屋幸一

はじめに

この書籍は、ルアマガモバイルで2013年から始まり現在も大好評連載中（毎週月曜更新）の『JUKEBOX』から選りすぐった50の質問をまとめた書籍『金森隆志の岸釣りQ＆A』の続編となります。

前編と同じく、すべての質問が釣り人の生の声、リアルな悩みに全力で回答しています。もちろんただの続編ではなく、大きな違いとしては、前編が広く一般的なバス釣りに関する悩みだったのが、本編ではルアーに関する質問を中心に、カナモリタカシっぽい（アツい⁉）回答がやや濃くなっているかなと思います。そのため前回よりも40ページほど増えました。

とは言っても前編同様、ノーフォーマット＆オカッパリ目線は健在です。

それと、前回もそうでしたが、当時の回答からは大幅に加筆修正していますので、モバイル読者の2度読み、3度読みも大歓迎！

本編も、みなさまのよりよいバス釣りライフのお役に立てれば光栄です。というわけで、KEEP・IT・現場！　次回もよろしく⁉（笑）

金森隆志

金森隆志の岸釣りQ&A50 パート2

目次

はじめに……3

第1章 一般ルアー編……8

Q1 ハードルアー①:トップウォーターの出しどころ……9
Q2 3 ハードルアー②:ミノーとジャークベイトの違い、ビッグミノーについて……16
Q4 ハードルアー③:バイブレーションとメタルバイブ……21
Q5 ハードルアー④:メタルバイブの使い方……26
Q6 ハードルアー⑤:シャッドが冬に釣れる理由……30
Q7 ハードルアー⑥:クランクベイトとボトムノック……33
Q8 ワイヤーベイト①:スピナーベイトのスローロール……36
Q9 10 ワイヤーベイト②:バズベイトが釣れる理由……41
Q11 12 チャターベイト:釣れる理由と使い方……45
ちょっとひと息 アングラーが語るカナモリタカシ 江口俊介……50
Q13 ラバージグ:使い方と釣るためのコツ……52
Q14 スイムジグ:使い方と活用法……56
Q15 ワームリグ①:ダウンショットリグの極意……61

Q16 ワームリグ②：ネコリグの使い方 66
Q17 ワームリグ③：ミドストのコツ 70
Q18 ワームリグ④：ギル系ワームのフッキング法 76
Q19 ワームリグ⑤：スイムベイトの冬の使用法 80
ルアーマガジン編集者がカナモに質問❶ 84

第2章 レイドジャパンルアー編 86

Q20 21 ダッジ①：マッチタックルと使用法 87
Q22 ダッジ②：釣れる時間帯 91
Q23 デカダッジ：特徴とオリジナルとの使い分け 95
Q24 ツーサイド：アフタースポーン期の活用法 98
Q25 レベルバイブ：求められる条件 104
Q26 レベルバイブシリーズ：冬の活用法 108
Q27 レベルシャッド①：活躍するシーズン、条件 112
ちょっとひと息 アングラーが語るカナモリタカシ 木村建太 116

Q28 レベルシャッド②：マッチタックルについて……118
Q29 オカエビ：スモラバとのマッチングと使用法……122
Q30 ウィップクローラー：ネコリグでのセット法……126
Q31 ファットウィップ3インチ：特徴と使い方……129
Q32 バギークロー：ベストなアプローチ法……132
Q33 バトルホッグ：特徴と使い方……136
ルアーマガジン編集者がカナモに質問❷……140

第3章 タックル編

……142
Q34 PEタックル スピニング編：メタルバイブ以外の使い方……143
Q35 PEタックル ベイト編：ビッグベイトでの使用について……147
Q36 ロッド①：ロングロッドのアドバンテージ……152
Q37 ロッド②：ベイトフィネスロッドの選び方……156
Q38 リール：巻き物での巻き手と利き手……161
Q39 ライン①：素材別の使い分け……165

Q40 ライン②：ラインの太さについて……169
ルアーマガジン編集者がカナモに質問❸……174

第4章 カナモスタイル編 176

Q41 でかバス：50アップを釣るために大切なこと……177
Q42 知識：バスの生態について……182
Q43 コンペティション①：陸王でのプラクティスについて……186
Q44 コンペティション②：勝つためのルアーセレクト……190
Q45 スタイル①：釣りの軸を作るには……193
Q46 スタイル②：釣れないときにするべきこと……196
Q47 スタイル③：スランプ脱出法……199
Q48 スタイル④：上達するために必要な知識……203
Q49 スタイル⑤：粘る理由と見切る理由……207
Q50 スタイル⑥：引き出しの増やし方……210
ちょっとひと息 アングラーが語るカナモリタカシ 並木敏成……214

CHECK!

Q&Aはルアマガモバイルで毎週更新中！

第1章 一般ルアー編

バスを釣るために生み出された数多くのルアー。その実力を存分に引き出して使ってもらうために知ってほしいことについての質問に回答しています。そのルアー、ジャンルがなぜ存在するのか、釣れるのかを深く理解するためにも、ぜひ読んでみてください！

Q.1

ハードルアー①

トップウォーターの出しどころ

これまでワームばっかりで釣っていて、ハードベイト、特にトップウォーターでは1尾も釣ったことがありません。トップにはペンシルベイトとポッパー、スイッシャーといったカテゴリーがありますが、夏場に向けてそれぞれタイプ別の出しドコロ（使い分け）があれば教えてください。トップのローテーションもありなのでしょうか？

A.1

「それぞれのルアーのアピール力から考えましょう」。

まず、トップウォーターで釣ったことがない人にとって重要なのは、トップウォーターをどう捉えるか。とかく釣ったことがないジャンルに対して、釣り人はネガティブになりやすいですが、極めてポジティブに捉えることが重要です。

ポジティブさを全面に押し出しましょう。つまりは釣れるルアーだと。

これはまぁトップウォーターに限ったことではありませんが。

次にトップウォーターの利点を考えます。

他のルアーやリグと徹底的に違うのは、**魚がルアーを直視して見切ることがないということ。**水面に浮くルアーを、魚が半分以上水面に身を出して見るということはないはずなので、ある意味魚が一番見切りにくいジャンルです。

つまり、水面に浮いているので魚は見上げるしかない。水質や水深にもよりますが、見上げるとルアーはくっきり見えるイメージがありますが、水面というのはある種の膜が張ってある状態なので、人間でいえばモヤがかかっているというかなんというか、パッと見では、う〜ん…アレ何？　って感じでしょう。

魚は直視できない、そしてくっきりとも見られない。

それがトップウォーターです。

さて、今度はルアーの側から考えると、目の前を通ってくれない、なおかつボヤ〜っとしているとなれば、魚を寄せる、あるいは引きつけないとダメですよね。

それでも魚が浮いて水面近くにいるのであれば、寄せるためのアピール力はそれほど必要ないはずで、その逆もまたしかり。

そこで次に、トップウォーターのアピール力による分類を。

①小さくてアピール力の弱いルアー。

②中型でアピール力も中くらいのルアー。

③大型でアピール力の強いルアー。

ざっくりとこの3タイプに分けることができると思います。

小さくてアピール力の弱いルアーはどこに投げるべきか。

浅くてよりストラクチャーや岸に近い。あるいは魚が浮いていて目視できる場所です。

岸からやや離れた場所、やや水深がある場所などでは中型でアピール力も中くらいのルアーを使います。

そして、大型のトップウォーターを投げるのはより離れた沖や水深がある場所、もしくは濁った場所、少し特別なのは、魚を怒らせたい、いわゆる威嚇したい時。

このように、それぞれ投げるべきジャッジの基準があります。

そうなると、大型のトップウォーターほどトータル的に出番が多く、小さいと逆に条件が限定的であることが分かります。

なので、基本的なエントリーとしては、まずは小型のルアーを浅くて岸際、もしくは浮いている魚やストラクチャー周りにタイトに入れていくのがローテーションの前提になります。

それで反応がなければ、そこからポジションをずらしてやや沖、やや水深がある、やや濁っているといった場所に中型を投げ込んでいく。

そして最終的には、大型でより遠く、深く、広い所に入れつつ、もう一度小型のルアーを入れた場所に、今度は魚を怒らせるイメージで入れていく。

これがアピール力によるローテーションの捉え方です。

お次はタイプ別。

質問にあるペンシルベイト、ポッパー、スイッシャーでいうと、トップウォーターそのものと同じく、各ルアーにどういう特徴があるかを考えるのが最も重要です。

では、ペンシルベイトの特徴は？　と聞かれてすぐに思い浮かべば問題ありませんが、分からなければ覚えてください（笑）。

特徴としては右に左に大きく素早くスイングしていく、いわゆるドッグウォークによる比較的速い展開が得意なルアーです。

こうしたルアーはアグレッシブで活性の高い魚を獲っていくことができます。ベイトフィッシュが追われているように演出することが大事で、水面に対して近い距離を攻めるのがベターです。それと左右の動きによってリアクションを誘うこともできます。

ポッパーはその対極にあります。

一回のアクションに対するインパクトと移動距離が極めて強くて短い。ポッパーの釣りは居合いにも似ています。ワンスプラッシュで魚に反応させるもしくは口を使わせる。

一発のアクションのインパクトと、「間」を使いながら釣っていく。ペンシルのように素早い展開で広範囲を撃つのではなく、ここぞという場所に投げ込んでいく。

しかもキワキワに撃つべきで、そこで数回のスプラッシュで勝負をかける。ペンシルとは逆に、潜んでいる魚に間を使って攻めることができます。点で使うルアーともいえるでしょう。それと一発のスプラッシュで威嚇的に誘うこともできます。

スイッシャーはペンシルの左右の動きに対して極めて直線の動きです。

基本的にはペラでジュブジュブと水をかき回す。捉え方としては、ストップ&ゴーができる弱めのバズベイトといってもいいでしょう。

どこにいるか分からない広範囲に散らばっている魚をペラの音で強く引きつける。直線的に音を出して散った魚を寄せるイメージです。ペンシルと比較すると、左右の動きではなく直線的なのでリアクション効果は薄いです。

ペンシルがリアクション、ポッパーが威嚇、対してスイッシャーは、巻き続けて拾うことができるルアーです。

そこで出しどころですが、ペンシルはスピードでごまかして食わせることができる。早い動きによって魚は見切りにくい。川であれば瀬や堰、流れの速い場所といった、オイカワなどの細身の魚がいてそれを食べるバスがいる場所になります。

ポッパーはペンシルとは真逆で、動きのない、そこにとどまっている魚を気づかせて釣る。もちろん瀬や堰下、流れの速い場所には向いていません。流れのない、いわゆるトロ場やオーバーハングの下、岩盤、ショアライン、護岸際などになります。

ここでひとつ注意としては、水深が浅い場所でゴボッ！　と強くスプラッシュを入れすぎないこと。逆に水深があるのにチョプっという優しいスプラッシュでは気づかれないことがあります。

攻めている場所の広さと水深を考慮して釣るのが重要です。

スイッシャーはバズベイトと使う場所はほぼリンクしています。シャローフラット、川ならペンシルと似ていますが、瀬。ざっくり言うと、浅くて広い場所ですね。

使い方としては、その日の魚が追いつけるスピードで巻いてやる。水質に応じてクリアならやや速いと見切られにくく、マッディになるほどスローに引いてしっかり音を出す。

バズとは違って止めれば浮くので、トゥイッチを入れるのも効果的です。よりマッディや岸際などのチャンス場ではポーズを入れるのも、スイッシャーならではの使い方になります。

これらを踏まえて使い分けてもらえれば問題ないはず(笑)。

もしこの3つのルアーでローテーションを組むのであれば、場所にもよりますが、例えば小規模な野池に行くとすると、まずはどういう狙いをしたいか。

アピールによるローテーションと同じですね。

基本的には制限のあるルアーから使っていく。

となるとまずはポッパーを狭くて浅い岸際に撃ち込んで狙い、反応がなければスイッシャーに切り替えて、ただ巻きで輪切りにサーチ。最後はペンシルのスピードでリアクションを狙えばカンペキです。

とにかく！　自分が使いたいルアーのジャンルを深く理解することが何よりも大事です。使いどころ、出しどころが分かれば、使い方はおのずと見えてくるでしょう。

ハードルアー②

ミノーとジャークベイトの違い、
ビッグミノーについて

Q.2

ひとつ質問なのですが、ミノーとジャークベイトって、特徴的な違いがあるのでしょうか？ それとも単に使い方の違いなのでしょうか？金森さんのお考えを知りたいです!!

Q.3

この数年、霞ヶ浦水系ではビッグミノーがブームになっていますが、僕がホームにしている房総の野池では、いまひとつミノーがハマらないように感じます（単にあまり使っていないからかもしれませんが）。野池でビッグミノーがハマる時期、条件、使い方があったら教えてください!!

A.2 3

「違いはアプローチの差。そのフィールドのベイトフィッシュがキーになります」。

ニコイチの質問ですが、まずはジャークベイトとミノーの違いについて。
近年では色々なルアーが細分化されてきていると思います。

クランクベイトでも、フラットサイドクランクやクランク的シャッドなどなど。

個人的には表現が複雑になってややこしいなぁという感想ですが、その中でミノーとジャークベイトを分けるのであれば、**基本的にただ巻きで使うルアーをミノー**と捉えてもらえれば間違いないでしょう。

対して**ジャークベイトは、**ただ巻きでのポテンシャルよりも、ロッドワークで動かした時に右に左にクイックに水を切り、**ダート能力が優れているルアー**のことだと捉えて下さい。

同じように細長いシルエットですが、ミノーはただ巻きで魚の近くを通して食わせるルアージャンル。

そしてジャークベイトはいわゆるルアーを大きくダートさせて魚に気付かせて食ってもらう、より活性の高い魚に効率よく訴えるためのルアージャンルです。

つまりはアプローチの方法が違います。

そこで、レベルミノーを作る時に僕が重視したのは、口先や言葉だけの「ハイピッチ」ではなく、130ミリというミノーとしては大きいサイズでも、本当のハイピッチなローリングアクションで、ただ巻きでも艶めかしく動くことでした。

なので、レベルミノーは、ジャークベイトではなくミノーになります。

そしてふたつめの質問ですが、ビッグミノーが霞ケ浦で流行っているというのは…、まぁこんなことを僕が言ってはいけないとも思いますが、まやかしですね。

勝手に流行ったと祀られた、いわゆる悪い意味での「ブーム」です。

ただ、釣れないルアーを釣れると言うウソのブームではありません。

もちろん釣れるのには理由があります。

というのも霞ヶ浦というフィールドは、ワカサギを中心とした細身のベイトフィッシュが意外と多く、そうした細身のベイトフィッシュを低水温期の間からバスがしっかり意識して捕食します。

2月末から3月末にかけてのワカサギの接岸、産卵期にそれを狙うバスがいるからハマる雰囲気がある、つまりは釣れるんです。

そこで質問の野池ですが、ワカサギがいるかといえば…、いませんよね。

野池のメインベイトは基本的に体高のあるベイトフィッシュで、回遊性も低く動きも鈍い。普段からそういったベイトを食べていれば細身の魚、つまりミノーはマッチザベイトにはなりにくい。

これがすでに回答になっていますが、もし野池にも霞ヶ浦のように細身のベイトフィッシュが豊富にいて、それを食べていればミノーがハマりやすいことにはなります。

少し脱線しますが、冬の野池でメタルバイブがなぜ釣れるかといえば…、もう分かりますよね(笑)。

ギル、特に稚ギルがメインベイトになっているからです。

だからそんな野池でミノーを投げても、ハマることは残念ながらまずありません。

僕も野池が好きで長年やってきていますので、回答できるとすれば、ミノーが〝ハマる〟条件ではなく〝釣れる〟条件になります。


そのひとつはレンジが合うこと。


バスのいるシャローフラットが1メートルちょいであればミノーが正解になります。

さらにアベレージサイズが超ビッグではない場合。

もうひとつは、春先で野池でビッグミノーであれば自信を持っておすすめできるのが、**冬が明けて視界が定まっていない魚であること。**


この魚に対しては、シャローレンジでビッグシルエットのビッグミノーが効きます。

2月末から3月の中・下旬までは、魚が春に向けて動き出す時期です。

冬は活発に動かない、冬眠ではありませんが、近くにいるベイトを食うだけとなれば、人間でいう運動不足、ぐうたらな生活をしています。

一説によると、エサは食べても動かないバスの目の内側には脂肪が溜まるとかなんとか。

理由は定かではありませんが、いままで釣ってきた感覚としては、確かに春先のバスの目はぼやけています。

そう思う理由として、大型のシルエットでゆっくり動くルアーへの反応がすこぶるいいから。

そんなことがあったので、去年の春はバトルホッグにエグジグラバーブースターをセットして、少しでもボリュームを上げて移動距離を抑えめにして攻めていました。

これはワームの釣りですが、巻きの釣りでは大きめのシャッドテールという、どちらかといえば春全開の時期に投げるルアーを春先に投げていました。

具体的にはレベルスピンにゲーリーのハートテールのセットを、ゆっくりゆっくりシャローを巻くとコンディションのいい魚がポーンと食ってきました。

そんな春先のねぼけまなこのバスにとっては、野池であってもビッグミノーをゆっくり引くという使い方に意味が出てくると思います。

とはいえかなり限定的であることは確かで、やはり大きくて長いベイトフィッシュが存在する**リザーバーやフラットレイク、河川にビッグミノーはマッチします。**

ですがそれでも野池で釣りたいというのであれば試してみてください。

Q.4

ハードルアー③

バイブレーションと
メタルバイブ

バイブレーションとメタルバイブの使い分けが知りたいです。

A.4

「スピードならメタルバイブ、泳ぎはバイブレーションに分があります」。

シンプル（笑）。そして、いわゆるあるある質問ですね(笑)。

これは置き換えるなら、ラバージグとテキサスの使い分けに近いニュアンスのあるある質問。同じ撃ち込み系のラバージグとテキサスですが、似て非なるルアーで、これはバイブレーションとメタルバイブに関しても同じこと。

もちろん撃ち込み系ではないのですが、いわゆる使い方もしくは誘い方はよく似ているけど、シェイプは違うよね～というのが、バイブレーションとメタルの違いです。

では具体的に、双方の利点をまず考えましょう。

実はレベルバイブを作る時に、バイブレーションのいいところとメタルバイブのいいところの円が重なる部分、いわゆる美味しいとこ取りで作りました。

それはどこか。

メタルバイブのいいところは、立ち上がりのよさです。

従来のバイブレーションは水を背中のフラット面で受けているのがほとんど。でも、水を受けるからよっこいしょとなって立ち上がりが悪い。

でもメタルバイブは水を受ける面がないから、いきなりブルブルブルと動き出す。

つまり、水は受けるよりも切るほうが立ち上がりのアクションはいい。これがメタルバイブのメリットのひとつです。

だからレベルバイブもこの理論を流用して、背中はフラットではなく鋭角にしました。

このように、バイブレーションとメタルバイブは似ているようで細かく見ていくと、やっぱり違います。

ここでふたつの違いを明確にするならば、こうなります。

スピードはメタル、泳ぎはバイブレーションが秀でているということ。

スピード、いわゆるリアクションでさらに縦方向、リフト&フォールに持ち込むなら圧倒的にメタルに分があります。

その背景は、さっき書いたような初速のよさ。

水をいち早く切ることによって、立ち上がりが抜きん出ている。メタルは基本的にはただ巻きで使うことは少ないと思います。アングラーも理屈や理論は抜きにして、感覚的に使い分けているでしょう。

まずメタルは、水を切りすぎるがゆえに動きが強すぎること。コンパクトで薄いボディなのに、レギュラーリトリーブで泳がそうとすると、右に左にバタバタと倒れこみすぎて嫌う魚もいる。

そして、強波動だからレンジコントロールがしにくい。巻いているとすぐに浮き上がってしまう。

弱点はここです。だからこそリフト&フォールでシャクるんでしょう。

一方バイブレーションは、メタルバイブとは真逆で、メタルの利点と弱点がそのまま入れ替わります。

通常のバイブレーションであれば、正直リフト&フォールにはそれほどマッチしていません。でも、巻いて使うには圧倒的にレンジコントロールしやすい。

だからふたつをきっちりと使い分けたいのであれば、**縦のリアクションに特化させるならメタルバイブ、横方向にリトリーブするならバイブレーション。**

縦か横かで使い分けましょう。

レベルバイブは最初に言ったように、このふたつのルアーの美味しいとこ取りなので、リトリーブもリフト&フォールもこなします。

だから、僕の記事や動画を見ていると、縦と横での使い分けをしていないように思うのかもしれませんね。

さらに解説すると、なぜレベルバイブにメタルの要素を取り入れたのか。それには理由があります。メタルバイブの利点として、リフト&フォールに向いているとは言いましたが、厳密には魚を反応させて誘うスピーディなリフトには向いています。

が、フォールではエビになってしまう。

つまり、ラインがフックに絡まりやすいのです。

さらに、フォールスピードも早すぎて、リフトで魚を誘っているのに、フォールには追いつけない、なんてケースも実はあります。だからこそ、レベルバイブはメタルほどのリフトのスピードはないけど、フォールも速くないから、しっかり食わせられるリフト&フォールもできるということ。

さらに横方向のリトリーブもできる。

シャローを速くも遅くも探ることができるバイブレーションだからこそ、野池を中心としたオカッパリのアングラーに支持されているのかなと思います。

さてさてさらに！　ルアマガモバイルならではの情報としては、そんなメタルバイブの弱点を排除したルアーを作っています(※注：掲載当時の話です)。
それがレベルバイブブースト。スカボコに釣れますよ‼

Q.5

ハードルアー④

メタルバイブの使い方

冬季の代表的なメソッドである メタルバイブのシャクリですが、金森さんは、どのくらい強く（弱く）シャクって、フォールの際はどのくらいテンションをかけて（抜いて）いますか？　フォールさせた後、間を置くかどうかも合わせて御教授お願いいたします。

A.5

「バスの居場所による使い分けはありますが、基本はテキトーです（笑）」。

ご丁寧なご質問まことにありがとうございます（笑）。

ですが、ひと言で答えれば、テキトー（笑）。

でもそれはつまり、ケースバイケースってことです。

どんなルアーにしても、使い方を教えてくださいという質問は多いですが、まずベーシックな考え方を提示するので、そこから応用してください。

そんなわけで、**メタルバイブのシャクリは基本的には最初はテキトー。**

なぜかというと、その日その時、そのフィールドによってコンディションがバラバラなので、一概にベストなシャクリはこれ！　とは言えません。親切に答えようとすればするほどそうなってしまいます。

では何をベーシック、つまりど真ん中におくか。

シャクリの基準点です。

そのためにも理解しないといけないのが、バイブレーションとメタルバイブの違い。

バイブレーションに比べてメタルバイブはアクションがものすごくキツい。シャクる最中に右に左に大きくバタつきます。

よく振動が伝わるというのは、裏を返せば暴れすぎているということ。

バイブレーションと比べて立ち上がりが早く鋭い。フォールに関しても素早く落ちる。この特徴を捉えた上で、メタルで気をつけないといけないことは何か。

一番はフォールです。

メタルバイブのフォールは通常のバイブレーションのフォールと比べると素早すぎる。

となると、フォールでバイトをとるのが難しい。

素早すぎてバスが食いにくいので、それをどうフォローするかがキモになります。

個人的に一番ど真ん中になるのは、二段シャクリです。

二段シャクリとはいっても、細かく鋭い二段もあれば、ロングストロークによる長い二段もある。

もちろんその差はバラバラで、ひと言で二段といってもいろいろあります。

が、**僕のど真ん中はストロークの大きい二段シャクリです。**

あまりにショートストローク（細かく鋭いシャクリ）だと、リアクション効果は高くても、フォールで食い損ねる可能性が極めて高くなります。

ワームでもプラグでもそうですが、ロッドを縦にさばくということは、魚が浮いているポジションをイメージすることが重要です。

魚がどのレンジにいるのか。ただシャクるだけではなく、ルアーが跳ね上がったところまで魚がいるかもと考えるのが大事なので、その意味でいっても、フォールの距離を取れる、高めで大きい二段シャクリがど真ん中になります。

例えば二段でシャクって、フォールし始め、あるいはシャクリ終えた時に食うとなると、魚は浮いている可能性があります。

そうなれば、もう少し大きなシャクリにする。

この時は三段階よりも一回でより大きなシャクリに切り替えてあげましょう。

それでもまだ浮いてるなと感じたら、大きなシャクリの二段階にしましょう。

逆にボトム、底ベタだと感じたら、短く鋭いストロークでシャクります。

これがシャクリに対する基本的な考え方です。

そしてテンションですが、シャクり方によって変わります。

短くシャクる時にはテンションは張ったほうがいい。

少しでもカーブフォールにしてフォールスピードを抑え、バイトチャンスを広げます。

高く跳ねてはいないのでカーブ気味にしても移動距離は短く、メタルバイブのキモは外していません。

逆にスタンダードからロングストロークで高さを出したときには、テンションをかけずにフリーフォール。

リフト&フォールの釣りは、短い移動距離でいかに最大限のアクションを出せるかが必須要素なので、上げたら上げた分、フリーにさせて移動距離を抑えてあげましょう。

メタルバイブはフォールによってバイト数が思いっきり変わるので、そこを基本軸として使っていけば、そこまで難しいルアーではありません。

後は、メタルバイブのメリットとしてあるのが、**足元よりも沖。**

遠ければ遠いほど、深ければ深いほど、通常のバイブレーションではレスポンスが落ちてしまうので、基本的な使い分けで迷ったら、**大遠投ならメタルバイブ、近距離ならバイブレーション**をチョイスしてください。

Q.6

ハードルアー⑤

シャッドが冬に釣れる理由

冬の釣りといえばシャッドという方は結構いるかと思いますが、なぜ冬になるとシャッドがハマるのでしょうか。私にとって、ミノーでもないし、クランクでもない、なんだかボヤーっとしたルアーに思えて仕方ありませんが、なぜか釣れますよね（笑）。金森さん的シャッドの位置づけと使い方を教えて欲しいです。

A.6

「水質とバスが意識するベイトが変わるからです」。

シャッドは個人的にも好きなプラグのひとつですが、僕の場合は年中使うので、特に冬だけってことはありません。

ですが、確かに冬に強くなるルアーではあります。

理由はふたつ。

ひとつは**低水温になるにしたがって水がクリアアップするから。**

シーズン中はある程度水に色がついていて、ある意味魚をダマしやすい環境でも、魚も高活性で活発に動いているので、シャッドのような存在感が小さいルアーは気付いてもらえない確率が高くなります。

なので僕がシーズン中でもシャッドを使うのは、水がクリアな時というのはありますが、冬になれば基本クリアアップするのでシャッドが生きてきます。

クランクベイトやスピナーベイト、ミノーだとシルエットも大きく水押しも強いので、冬の特に晴れた日には嫌われやすい。だからシャッドというわけです。

もうひとつは同じく水温低下に伴う現象ですが、**バスが意識するベイトが小さくなるから。**

もちろん大きなベイトを変わらずに追い続けるフィールドもありますが、これはレアケースで、一般的にオカッパリができるフィールド、野池では稚ギル、河川であれば細身でも10センチ以内のベイトフィッシュか、越冬場所にいるギルやフナへ意識が切り替わります。

というのも単純に動きが鈍くなって捕食しやすくなるからです。となれば小型のベイトフィッシュつまりシャッドが強くなります。

ここにバイブレーション、メタルバイブが加われば、冬の御三家ルアーですね。

いずれも動きが早くて水をつかまずに切っていくルアーですが、そういったコンパクトでフレキシブルに動くベイト、イコールルアーに意識が切り替わるからです。

以上のふたつが低水温の晩秋から早春の間にシャッドが強くなる理由だと考えています。

ちなみにシャッドの位置付けとしては、クランクやスピナーベイト、ミノーなんかと同じく**横方向に誘うルアー**で、水がクリアな時、小型のベイトを意識している時に特に効果的になります。

それが低水温期だとどちらも重なるので、シャッドがグッと存在感を増してくるという感じでしょうか。

ボヤ〜っとしたルアーかもしれませんが、冬に使われるのにはしっかりとした理由があります。

Q.7

ハードルアー⑥

クランクベイトとボトムノック

レベルクランクMIDを使うときにボトムノックをしたほうがいい時と、しないほうがいい時っていうのは、状況によって変わってくるのでしょうか？

A.7

「クランクベイトはバスの目線よりも上で効果を発揮するルアーです」。

MIDに限った話ではないですが、クランクベイトっていつからボトムを叩く専門のルアーになったんですか？　と逆質問したいくらい、世の中のクランクベイトのイメージは、ぶつけて当ててぶつけて当てて、が先行していて、それが正解だというイメージを強く持って釣りをしている人があまりに多すぎる気がします。

個人的な考えでは、クランクベイトはボトムにタッチさせるルアーではありません。

例えばバイブレーションは、ボトムノックさせて使うルアーではないですよね。

でもクランクベイトはリップがあるので、障害物をかわして泳がせることができる。

それが理由からか、ボトムに当ててヒラを打たせて使うということは実際によく言われています。

ですがそれは、アングラーが自分がカッコよく使っていることを伝えるため、メーカーが自社のルアーのすごさを伝えるために過剰に言った宣伝文句が、増幅して伝わったイメージだと僕は思っています。

もちろん、ボトムノックで反応するバスはいるでしょう。でもそれ以上に、個人的にはクランクベイトはそうやって使うルアーではないと捉えています。

クランクベイトを含めたハードベイトの使い方のど真ん中というのは、**基本的にはバスの目線よりも高い位置を引くことにあります。**

バスの目線よりも低い位置を通すのは、効率的にも非常によろしくありません。

高い位置を通して食い上げるほうがバスの動き的にもスムーズだし、それがいわゆる巻き物に求められる理想の展開です。

バスの活性が高いもしくはある程度泳いでいると感じた時、例えばハイライトではなくてローライト、昼よりも朝、晴れよりも曇りのように、バスが浮いていると思える時に、あえてボトムを叩く必要はありません。

中層というとアバウトな表現ですが、中層のバスには、ボトムを叩かずにバスがいそうなレンジよりも高い位置を引くのがハードルアーの基本だし、クランクベイトもそうやって食い上げさせるのが理想のルアーです。

ストラクチャーに固執しているバスを釣りたいのであれば、ソフトベイトを使うべき、というのは極論ですが、ソフトベイトよりも効率よくストラクチャーに着いている魚を少ないキャストで探していきたいとなれば、その時初めてクランクベイトをボトム（ストラクチャー）に当てればいいでしょう。

使い分けの根拠というのは、**どんなバスをどんなルアーで狙いたいかの違い。**

情報が多い現在で、その情報を安易に信用することは多く危うい時代ですが、基本はそこです。

繰り返しますが、クランクベイトはボトムノックするルアーだ！ と言われても、浮いている魚を釣っていく時にボトムを叩く必要はありません。

ただ、いつもより水が濁っているとか、明らかに水温が低くて動けてなさそうだとか、魚がストラクチャーに寄っていると思ったら、ボトムなりストラクチャーなりを叩けばいいし、逆にいい状況で動いている食っていると判断すれば、ボトムを叩く必要は一切ありません。

よく考えれば当たり前ですが、それをしっかり判断してきっちり使い分けることができるかどうかが、上手い人と上手くなれない人の差になります。

これはクランクベイトだけではなく、どんなルアーにも当てはまりますが、当たり前のジャッジを当たり前にすることができない人は意外と多いような気がします。

情報に流されず決め付けずに、柔軟に釣り場、魚の状況に対応していくことが大事になってくると思います。

Q.8

ワイヤーベイト①

スピナーベイトの
スローロール

レベルスピンにハマっています!! これからの時期、スローロールを勉強しようと思っています!! このテクニック、名前はよく聞くのですが、やり方があまりピンときません! ぜひ、金森さん流のスローロールを教えてください!

A.8

「フィーディングスポットやフィーディングタイムに入ったと思ったら、いの一番に使いましょう」。

これからの時期…っとその前に、レベルスピンにハマっているということで、もうカンペキッ! スピナーベイトを分かってらっしゃる! というところから始めましょう(笑)。

で、〝これからの時期〟というのは、低水温期もしくは厳寒期をおそらく指すと思いますが、そういった時期のスローロールは、僕もひと冬を通してやってきた釣りになります。

そのやり方ですが、それだけ答えてもおそらく意味はない。

大事なのはスローロールをどういう魚にアプローチするべきか。

結果は別として、その考え方がないと、やり方だけ分かっても無意味です。

釣りにおいてのテクニックとは、**やり方よりも、実はそのテクニックにある背景こそが大事**ということですね。

では、その背景とはなんでしょうか。

基本的に浮いている魚を釣る。浮いているという状況も難しい時期にはなっていますが、そうした魚をスローロールで釣るためには、単純にスローに巻けばいいんです。

つまり、スローロールとはそもそも、ボトムすれすれか、それよりちょっと高い位置をブレードが回る限界のスロースピードで巻くテクニックのことだからです。

ではどんな魚を狙うのか。

食い気はある。あるんだけど、思いのほか動けない魚です。具体的にそんな魚はどこにいるのか。エサが獲れそうなシャロー付近もしくはブレイク回り、あるいはカバー周りというように、エサを意識できる場所に差し込んではいるけど、水温的に動き回るほど活性は高くない。

そんな魚をいち早く見つけるためのテクニックがスローロールです。

対して、食い気はなくじっとしている魚を食わせるのはフィネス。

フィネスでず〜っと粘って口を使わせる釣りとは真逆になります。

これは例えですが、100投でワンバイト獲れるのがフィネスだとすると、**スローロールはスポットに対して10投で十分。**

モチベーションは高いので、いける魚はズドンといきます。

冬の中でも最も勝負の早い釣り。

冬とはいえ、フィーディングスポットやフィーディングタイムに入ったと思ったら、いの一番に使っていいテクニックです。

ただし、スローロールをやるには、使うスピナーベイトにある程度の条件を満たしていることが必要になります。

ひとつはウエイトで、軽いウエイトはＮＧ。

理由は簡単、浮き上がってレンジキープがしにくいから。

なので、最低でも１／２オンス。３／８オンスでもできなくはないんですが、かなりのシャロー用になります。なので、**基本は１／２オンスです。**

そしてブレードパワーがあること。

さて復習、スピナーベイトのブレードは大きく分けて２タイプあります。ひとつはカーブがしっかりしたもの、もうひとつは真逆で、ほぼフラットなもの。

前者は回転のよさ。少ない抵抗でしっかり多く回りますが、回転半径は小さく水を逃します。

後者は回転数は少ないですが、回転半径は大きく水をよくつかむ。

さぁ、どちらがスローロールに適しているでしょうか？

ハイ、後者のフラットですね。

スローロールで大事なのは、ブレードが常に水を強く押すかどうか。

このふたつの条件を満たしたスピナーベイトを使いましょう。それによって、スローにきっちり強くブルンブルンと水をかき回しつつ引けるのと、なにより使い手がブレードの回転をジャッジしやすい。

スローロールでＮＧなのは、着底してからスローに引くことばかりを意識して、ゆっくりゆっくり巻きだして、巻いても実際はブレードが回ってないこと。

そういう意味でも手元に伝わりやすい方が操作はしやすいのですが、実はフラットブレードは動きだしは鈍い。

なので着底したら一回ロッドをあおって、ブルンという感覚を確認してから巻き始めること。言ってみれば当たり前ですが、これをしないと、いくら引いても意味がない。

特にボトム周辺であればゴミを拾うこともあるでしょう。パフォーマンスを低下させないためにも、まずはロッドをあおって、ブレードの回転を確認しましょう。

さらに、あおることによってボトムから離脱させることができます。

スローロールはボトムのズル引きではありません。

あくまでバスの目線よりも高い位置を引くことが重要です。

巻いていて、コツコツとボトムに当たるようであれば、再び角度を調整することも意識しましょう。**ボトムべたべたでは、ブレードバイト、ミスバイト、ショートバイトの3つで終わります。**

冬のスローロールで深くていいバイトを得るためには、ボトムからしっかり離脱させること。それとブレードの回転を確認すること。そして限界よりも気持ち早いスピードが巻くことが重要になります。

さて、そんな冬のスローロールですが、レベルスピンを使っている時点で、ルアーのポテンシャルは、自分でいうのもなんですが大正解（笑）。

以上のことを頭に入れて、まずは投げてみる。何かをやってダメで巻くよりも、まずは巻いてダメならスローダウンするかリアクションにするかのローテーションのほうが、きっといい結果が出るはず。

冬のスローロールは先手必勝のテクニックです。

ワイヤーベイト②

バズベイトが釣れる理由

Q.9

艇王2016、最高でした♪ AbemaTVで見たゲーリーバズの連発シーンは本当に感動です!! あの日金森さんはレベルクランクを投げていなかったと思うのですが、何か理由があるのでしょうか? 僕自身は、この時期の新利根では結構お世話になっているので…、よろしくお願いします!

Q.10

艇王2016優勝おめでとうございます! ズバリ聞きます! なぜあの新利根川の状況で最終的にバズベイトだったのでしょうか? 優勝インタビューよろしくお願いします!

A.9-10

「アピール力が高くてスナッグレス性能に優れていていて手返しがいいルアーだからです」。

新利根川で行われた艇王決勝戦。そこでは初日から一貫して最後までバズベイトを軸に釣りを展開しました。

生中継だったので、コメントが使われていたかどうかはよく分からないんですが、一応なぜバスベイトを使っていたかは試合中にも述べたつもりです。が、改めてお答えします。

初日が終わった時にもコメントしたのが、トップウォーターしか切り開く道が自分にはないということでした。

それはなぜかと言うと、終始キーワードに出していた〝稲渋（いなしぶ）〟。これがひどかった。

田んぼの水は魚にとってすこぶるよくないという持論がありますが、**春の代掻き（しろかき）と秋の稲渋。**これが魚に決定的なダメージを与えてしまいます。

試合中にも言ってましたが、ベイトが水面で口をパクパクして酸欠状態になって浮いていたということがひとつの例。

つまり、浮いている=稲渋のダメージをくらっているベイトがいるということは、それを狙うバスもいる。でも、そのバスもやられている可能性がある。

そんな状況でもベイトを狙えるのは、ストロングな魚しかいません。だからトップウォーターで狙うのがベターだと判断しました。

でもなぜトップウォーターでもダッジじゃないの？　フロッグじゃないの？　あるいはスピナーベイトだってトップで使えるよね？　と、多くの疑問が出てくると思います。

その回答は、新利根川の景色にあります。

新利根川は、両サイドどちらのショアラインを見ても、杭やオーバーハング、レイダウン、草などが覆い被さっています。そこにトリプルフックの付いたルアーを入れ込むにはあまりに非効率的で、しかも魚は高活性でもなく、食い気の上がる瞬間が一瞬あるだけ。

ということは、効率重視の釣りが必要になります。

スタックも少なく、一瞬のフィーディングモードをかっさらえる、アピール力が高くてスナッグレス性能に優れていて手返しがいいルアー。

さてどうですか？

バズベイトですよね。

そして２日目。初めはキーワードが見つからないと言ってました。

いま書いたように浮いているベイトを獲るためのバズベイトまではたどり着いていましたが、核を突くキーワードがありません。

どこでどの角度でどのスピードでどうバズベイトを引いたらいいのか。

そこで昼前にやっと見つけたのが**フローティングマット**でした。

ホテイアオイもしくはウォーターレタスですが、それがコーナーやストレッチに溜まっていて、その下にサスペンドしているバスを引っ張り出すべきだというのが、当日見つけた最もストロングなキーワードでした。

そのためにはマットのエッジをきれいにトレースしなくてはならない。

初日はマットにパンチングなどもしましたが、落ちていくものには反応しません。

となるとバズベイトをきっちり引いてくるのが最も強いだろうという結論で、ソフトベイトの釣りを切り捨てて、条件を満たした場所でバズベイトを引いてきたら、想像通りにストロングな魚たちが、いい時間帯にいいタイミングでバイトしてきて、入れ替えてウエイトを積んでいけるという展開になりました。

あの時、稲渋という特殊な状況じゃなければ、バズベイト一本で勝負にはならなかったでしょう。

特殊だからこそ特殊なルアーでやり切ったということですね。

以上が回答になりますが、最後に、ご声援&ご祝福ありがとうございました！

チャターベイト

釣れる理由と使い方

Q.11

僕は金森さんの巻くスタイルが大好きです！　チャターベイトはいまや巻きの釣りにおいてなくてはならない光・音・振動が揃ったハイアピールルアーだと思うのですが（個人的にはスピナベより強いのでは!?　と）、金森さんが思うチャターベイトの考えをぜひ教えて下さい!!

Q.12

こんにちは、金森さん。質問なのですが個人的に巻きの釣りが大好きなのですが、チャターベイトの強み、出しどころがいまいち分かりません。金森さん的にはチャターベイトをどのように思っていますか？

A.9-10

「スピナーベイトとクランクベイトの中間的なユーティリティルアーです」。

要するに、カナモリタカシ的チャターベイトの考え方使い方ということでまとめて回答します。

ハイ、事実チャターベイトは、現代の巻き物というジャンルにおいて、もちろんなくてはならない存在だと思います。

ただし、質問にある「スピナーベイトより強い」ということはありません。

チャターベイトを考える上で、**ポジション的にはスピナーベイトとクランクベイトの中間にあるルアーです。**これはあくまで個人の感覚的な捉え方ですが。

とはいえ、**出しどころとしてもスピナーベイトとクランクベイトの中間になります。**

スピナーベイトは例えると、遠くにいる人に大声で「おーい！　こっちにこーい！」と呼びつける。

クランクベイトは、呼びつけるまではいかなくて、同じように呼んでもこちらからも寄っていって中間地点で落ち合う。

そのまた中間というのがチャターベイトです。

スピナーベイトほど魚から離れていてもズドン！　というほどでもなく、クランクベイトほど魚に近寄らせていく釣りでもない。

スピナーベイトのような回転するブレードを持たないので、アピール力は多角的ではなく、クランクベイトのリップのようなものがブレードとして付いてますが、放物線を描いて魚に近づいていくこともない。

まさにスピナーベイトとクランクベイトの中間を埋めるルアーだと考えています。

パーツ的には、ブレードによる多少のフラッシング効果はある。

でもスピナーベイトの回転するブレードほどのパワーはない。

とはいえ、クランクベイトよりもフラッシング効果はある。

操作やイメージはスピナーベイトに近く、クランクベイトのような軌道は描かない。

具体的にパッとイメージできるのが、**ウィードエリアやベジテーションエリア。**

クランクベイトを引きたいけどウィードにスタックしてしまう。でもスピナーベイトでは強すぎて効率が悪いという時。これはスピナーベイトに近いですが、僕の中では、そういったシチュエーションで使うルアーです。

スピナーベイトでは強すぎる、クランクベイトでは物足りないといった状況。

同じフィールド同じ条件下で使うとすると、スピナーベイトが2投で済むならチャターは5投、クランクベイトは10投必要ということ。

ではもっと突っ込んでシチュエーション別にスピナーベイトとクランクベイトとチャターベイトを比較してみましょう。

ベジテーションの回避能力は、スピナーベイト＞チャターベイト＞クランクベイト。

ロックエリアは、クランクベイト＞スピナーベイト＞チャターベイト。

レイダウンでは、スピナーベイト＞クランクベイト＞チャターベイト。

そう考えると、**実は障害物回避能力はあまり高くありません。**

つまりはストラクチャーにコンタクトさせるルアーではない（補足すれば、スピナーベイトもクランクベイトもストラクチャーコンタクト系のルアーではなく、あえて言えば、クランクベイトは比較的障害物をかわせるルアーではありますが）。

ではどこを引くか。

いわゆる**巻き物の王道、中層を引くべきです。**

バスがいると思うよりも、やや高めのレンジを引いてフォローアップさせて食い上げさせるルアーで、決してボトムを意識するルアーではありません。

それは水質によっても変わってきて、クリアウォーターであればあるほど比較的高めのレンジを速めのスピードで引く。ステインならちょっと落ちる。マッディではスローに動かします。

さて、全体像をつかんだ上でさらに突っ込むと、実はチャターベイトは画一的なルアーではありません。同じジャンルでも個々の特徴はバラバラだったりします。

具体的には、イマカツさんのモグラチャターは、水押しが非常に強く移動距離が短い。さらに浮き上がりが早いのでマッディシャロー向き。浅いところをゆっくり強く動かせる。とかく千鳥アクションに注目されがちですが、実はこういった特徴があります。

もうひとついえば、O.S.Pさんのブレードジグ。もちろんチャターベイトではありますが、どちらかといえばクランクベイトのようにどんどんレンジが深くなっていく。つまり浮き上がりにくく、ピッチが細かい。なのでスローに巻くよりも、比較的クリアな水質のフィールドで、深いレンジの魚に早めのスピードで巻いてアピールができると。

全体の特徴をつかんで、さらに個々の特徴をつかんでいく必要があります。まとめましょう。

スピナーベイトとクランクベイトの中間的存在ということで、**さまざまなシチュエーションで活躍できるユーティリティルアー。**パワー的にもそうだし、**ストラクチャーフィッシュも回遊の魚も誘える、迷ったら使っとけというルアーです。**

でも、個人的にはそれが便利すぎて、絶対チャターベイトじゃないとダメ！　という状況は少ない…かな。

スピナーベイトやクランクベイトで間に合うというか、だからこそレベルスピンがあり、レベルクランクがあるという。

それが、あまり投げている印象がないってことになるとすると、ある意味それはそれで正しいのかも（笑）。

ちょっとひと息

アングラーが語るカナモリタカシ

江口俊介

「勉強家で努力家。今はトーナメントにも興味はあると思いますよ」。

えぐち・しゅんすけ
JBへの参戦後すぐに頭角を現し、多くのトーナメントを席巻。フィネスを得意とし、勝てるルアーとしてスモラバを広めたことで知られている。レイドジャパンスタッフ初のJBトップ50メンバー。

「釣りに関していうと、やっぱすげぇ勉強家だよなぁと思うんですよ。バス釣りっていろいろな釣り方があるけど、好き嫌いなく食わず嫌いもなく、すべてトライしていくし、それに対する姿勢は人並み外れてますよね。センスも当然いいと思うんですけど、なにより努力家だなぁって。オレなんかそういうタイプじゃないので（笑）。

それに着眼点がしっかりしてててちゃんと理論付けた上でハメるから吸収が早いんですよ。何をやってもちょっと練習すればある程度はできちゃうし。

初めて会ったのは陸王（2008年紀ノ川戦）でしたけど、終わった後のインタビューでパターンとかを聞いても理にかなっていて、オレは当時はバリバリのボーターでトーナメンターでしたから、オカッパリの攻略法はなんにも知らないんだなぁって思い知らされました。

今ではボートもやってますけど、そっちでもしっかり追求してて、トーナメントにも興味はある

と思いますよ。2018年はワイルドカード（バサーオールスタークラシックの予選）にも出ましたしね（笑）。
そんな風に、ブラックバスという魚を取り巻く事柄に関してトコトン追求していく姿勢は他のアングラーにはないのかなと思います。
経営者としてもいろいろ考えてますよね。釣りも戦略ですけど、当然会社経営も戦略なんで、戦略を考えて組むのが好きなんですよ、きっと。しかも才能がある。
それと釣りが好きで理解しているから、経営だけじゃなくて釣りの面でも協力してくれてバランスを取ってくれているのはありがたいですね。決して自分だけがよければ、というタイプではないと思います」。

Q.13

ラバージグ

使い方と釣るためのコツ

ラバージグの使いどころとアクションの付け方がいまいち分からず1尾も釣れたことがありません。トレーラーにもよると思うのですが、一番の釣れる近道みたいなのがあれば教えてください。

A.13

「ラバーの存在意義を考えれば、おのずと見えてくるはずです」。

まぁ、何度も答えているように、どんなルアーでも同じですが、まずはそのルアーの特徴は何か？　というところから始めましょう。

ラバージグの特徴は？　と考えると、ラバージグは、文字通り、ジグにラバーが巻かれているルアーです。

だからこそ、ラバーにフォーカスを当てないといけません。つまり、ラバーこそが他のルアーとは決定的な違いになっています。

同じカバーを攻めるルアーとして、ラバージグの比較対象になるのが、テキサスリグですが、例えば同じ重さで同じトレーラーのテキサスとラバージグがあります。違うところはどこか、ひとつは**フォーリングのスピード。**テキサスのほうが速く、ラバージグのが遅い。それはラバーが抵抗になるからです。

ゆっくりボリュームのあるものが落ちていく。それがまず特徴。

そして、ボトムでのシルエットも違います。テキサスはワームがあるだけですが、ラバージグはラバーがゆっくりモワァ〜ッとフレアして、自発的にゆらゆらと動いているように見える。これが最大の特徴です。

ここはひとつ、目で確認するのが一番なので、小さな水槽でもいいので買って水を入れて中で実際に動かしてみましょう。ラバーはすご〜く動きます。さらにアクションを加えることによって、フレア感はさらに変化します。

質問にもあるように、ラバージグというと、トレーラーに気を取られがちですが、その前に、ラバージグはラバーを見るべきで、あくまでトレーラーはオプション。

一番大事なのは、トレーラーを動かすのではなくて、ラバーをいかに変化させるかということ。トレーラーの変化はたかがしれています。

でも、ラバーの変化は、大げさにいえば、**同じ動きが二度と出ない、二度と出せない。**なおかつウルトラファイネスな動きです。

河川のような、水の動きがあるフィールドでは効果はより高くなります。

理想はラバー1本1本が違う動きをすること。

これを意識するかしないかで、魚が近くまで見にきた時に、口を使わせられるかどうかが違ってくる。なんとな〜く投げている人との大きな差になります。

ラバージグのキモは、ラバーをいかにおいしそうに動かすか。

それが分かれば、水槽代の元は取ったも同然（笑）。

例えば実際に見て、ラバーの量が多くてフォーリングが遅く、すり抜けも悪いなと感じたら、迷わずラバーを間引きましょう。

知る人ぞ知る、スモラバのシークレットチューンとしてやっていますが、それと同じです。

すべてが同じボリューム、長さだと、動きが均一になります。均一な動きというのは、魚に学習されやすいし、魅力的な動きではありません。

いろいろな長さのラバーがあることで、不規則に動いてより魚を魅了します。

そうした意味でもリスペクトしているのが、O.S.Pさんのゼロワンストロング。

極太丸ラバー、偏平ラバー、細めのラバーと、種類が異なったラバーが巻かれているので動きの変化が起きやすい。

丸ラバーは広がりやすく、偏平ラバーは水を受け、細ラバーは繊細に動く。

というように、それぞれのメーカーによっても特徴は違うので、動きを見てみるのも参考になるでしょう。

見ることで自分が好きな、釣れそうだと思うジグの動きを確認できて、その先にいけば、カスタマイズもできる。これが大事です。

そして、見ることによって、トレーラーとの相性も確認できる。

ラバージグの使い方が分からなければ、まずはラバーに着目。

そこからヘッド形状、アイの角度、トレーラーの種類のチョイスへと繋がっていきます。

何度も書いているように、まずは目で確認すること。そうすれば特徴が見えてきます。

活字だけでは伝わりませんので、必ず実際に確認してみてください。

釣り人を成長させるのは、知識ではなく経験です。

目で見て納得することが経験になります。

まずはそこから始めてラバージグに興味を持って、より深い話を知りたいというのであれば、また質問を投げてください。

Q.14

スイムジグ

使い方と活用法

今年はスイムジグを使いこなせるようになりたいと思っています。僕がよく行く野池はいちばん深いところで1・5メートルくらい。巻くスピードとかウエイトとかトレーラーとか、カナモさんが気にしていることをご教授ください!!

A.14

「まずは、何をやっているか分かるようにしましょう」。

まずはスイムジグの基本、快適に泳がせるための重要なのは何か?

ある程度のウエイトのヘッド、ある程度のボリュームのあるトレーラー。

これが必須になります。

軽いヘッドに、細くて小さいトレーラーのセットだと、正直何をやっているかが分からず、これが入り口になってしまうと、釣れる釣り方なのにそこまでたどり着きません。

なので重要なのは、すべての釣り方にも当てはまりますが、自分が何をやっているかが理解できることになります。

普通の人が理解しにくいのにしっかり理解できる、それをどんどん研ぎ澄ますことができる人が、結果釣りが上手な人になれるのですが、そんなわけで、まずは何をやっているかを分かるようにするというのが第一歩。

経験によって違うとは思いますが、具体的には**ジグは１／４オンス。**

これに**高比重でボリュームのあるワームをセットします。**

特に初心者におすすめなのは、ギークスさんのマツラバ１／４オンスにゲーリーさんのハートテールのセッティングです。

あまり重いとある程度水深がなければ、すぐにボトムに着いてしまいます。

スイムジグはボトムを引くものではなく、あくまで中層と言うと漠然としていますが、いわゆる**任意のミドルレンジを通すルアー**なので、１／４オンスがベターでしょう。

使い方としてはただ巻くだけ。

スピードも正直、その時々で変わってきますが、ひとつはっきりと言えることは、早巻きで使うことはほぼほぼありません。

スイムベイトも同じですが、基本的にはレギュラーからスローで使ってこそ存在価値が出てきます。

速く仕掛けたいのであればプラグでいい。

スピードで勝負するルアーではないことは頭に入れておいてください。

さて、次の段階ですが、スイムジグで大事なのは**スローできっちり動くこと。**裏を返せばワームはさほど動かなくても、ラバージグというシンカーがセットされることである程度は動きます。

ただ、本当にスローで効果を発揮させたいのであれば、よく動くセッティングとあまり動かないセッティングの差は存在します。これはあまりにパターンが多いので、具体的には解説はしきれません。なので、実際に目で見て判断してください。

その時にひとつだけアドバイスするとなれば、同じスイムジグでも首を左右に振るウォブリング系と回転するローリング系のジグがあります。

僕が使ってみたところ、しっかりウォブリングするのはマツラバです。

ローリングはクオンさんのバレッジスイマー。

エンジンさんのスイミングマスターもロール寄りですが、ヘッドの重心が一転集中で使いやすい形状なので、スイムジグに慣れてない人には使いやすいかなと思います。

個人的にはこの3つ。

ウォブがマツラバ、ロールがバレッジ、その中間がスイミングマスター。

こうした動きの特性から考えると、一定レンジを引きたければバレッジ、より浅いレンジであればマツラバ、中間がスイミングマスターになります。

いわゆるシステムクランクならぬシステムスイムジグですね（笑）。

ここでひとつ、やってはいけないことは、トレーラーとの組み合わせの相性になります。ウォブが得意なワームをロール系のジグにセットしたりとか、その逆もしかり。

釣れるには釣れますが、美しくない。

夏に短パンビーサンだけど、コートを着てるみたいな（笑）。でも知らないとやりがちなことなので、そこまできっちり見極めて欲しいところです。

最後にもう一歩踏み込むとすれば、ウエイトはなるべく軽めにしてください。

重いと当然ですが速く沈みます。

そうなると速く巻かないといけなくなるのでなるべく軽く。

使いやすいのは1／4オンスですが、水深2メートル以内であれば1／4オンスでも重いくらい。3／16オンスでちょうどいいでしょう。1／4オンスであれば2～3メートルまでで、それ以上深くなったら初めて3／8オンスにします。

3／8オンス主義というか、まぁ3／8オンスにしておけばいいでしょう！という傾向がありますが、この場合はNGです。

スローに巻いていたら、気付かないうちにボトムに着いていたとなると、スイムジグを使う意味はないので、ルアーの利点を生かす使い方をしてください。

それができれば、きっと使いこなすことができる…はずなので、以上のことをしっかり頭に入れて使ってみてください。

Q.15

ワームリグ①

ダウンショットリグの極意

金森さん、こんにちは！　自分は金森さんのストロングなスタイルが好きで、いつも金森さんのDVDで研究、モチベーションを高めています！　金森さんはフィネスな釣りもこなしていますが、ダウンショットについて質問があります。①ベイトフィネスとスピニングでの使用ウエイト範囲について。②リーダーの長さについて。③ベイトフィネスかスピニングかを選定する基準。④それぞれのラインの太さ。乱文になりましたが、ご教授願います。

A.15

「タックルはラインの太さから。リーダーの長さはバスの居場所に合わせましょう」。

ダウンショットをやり込みたいという姿勢が読み取れるいい質問ですね。乱文なんてご謙遜をと言うほどよくまとめられていて回答もしやすいです。そんな親切な質問には、親切に回答しましょう（笑）。

①については、何グラムのウエイトからベイトフィネス、スピニングという境界値は実は僕的にはありません。これは意地悪ではなく、すっごく親切な回答です（笑）。

というのも、ロッドの硬さによって変わってくるから一概には言えない。さらにはその先の質問にも関わってきますが、結局はラインのポンド数に応じているからです。

ラインの太さを基準にすることによって選ぶべきロッドも見えてくる。

例えば0・9グラムのウエイトを6ポンドラインでスピニングで使う。

これはナシです。

なので、①への答えとしてはこうなります。

ウエイトは、ロッドとラインの太さとシンカーの重さが三位一体にならないとダメ。

ベイトフィネスかスピニングかの境界値よりも、何ポンドのラインに対して何グラムのウエイトを選ぶかという考えをまずは持ちましょう！…我ながらこれはメチャメチャいい回答ですね～（笑）。

ほとんどの人は、何グラム以下はスピニング、ベイトフィネスと答えますが、それでは不親切(笑)。少し理解するのは難しいかもしれないけれど、この考え方が大正解だと思います。では具体的に答えましょう！

3ポンドなら0・6～0・9グラム。

4ポンドなら0・9〜1・8グラム。
5ポンドなら1・8〜2・6グラム。
6ポンドなら2・6〜3・5グラム。
8ポンドなら3・5〜5グラム。
10ポンドなら5〜8グラム。
12ポンドなら8〜12グラム。

これ以上になると、ベイトフィネスでは扱わないポンド数になります。

あとは自分がスピニングに巻くライン、ベイトフィネスに巻くラインを考慮します。とは言ってもベイトフィネスで3、4、5ポンドを使う人はまずいないと思いますので、そう考えると3〜6ポンドがスピニングの許容範囲。

ベイトフィネスの許容範囲は6〜12ポンド。そう考えた方が、より具体的なウエイトの選別になると思います。

①を答えたつもりですが、①③④は、ほぼほぼまとめて答えていました（笑）。

そうすると残りの②ですが、リーダーの長さは何センチでもいいというのが答えです。

ただし、リーダーの長さとシンカーのウエイトの組み合わせによって、食わせにもリアクションにもなるということは知っておいてください。

リーダーが短くてシンカーが重ければリアクションになります。でも、いくらリーダーを短くしてもシンカーも軽くしていけば、漂うのでリアクションではなく食わせになります。

逆に、同じシンカーの重さであれば、長いほど食わせ、短いほどリアクションということもできます。

これを理解したうえで、ダウンショットにおけるリーダーの長さとは、魚の目線に合わせることが基本になります。

単純に魚がボトムだなと思えばリーダーは短く、浮いているなと思えば長くなります。

一番イージーなのは、短いところから始めて、だんだん長くしていくのがキャストアキュラシーにおいても操作性においてもラクでしょう。

ただし、キャロライナリグのようにめちゃくちゃ長くする必要はありません。基本的にロッドを縦にさばく（横に動かすリグではない）ので、**上限としては60センチ。**

これ以上にする人はまずいませんね。

個人的には40センチ。

それ以上長くする場合がひとつだけあって、ウィードの長さに合わせる時です。

生え始めのウィードの上に魚が乗っかってることもあるので、ウィードと同じ長さにしてウィードの上に浮いてるエサを演出するには、ウィードの高さ分だけ長くすることもあります。これは例外として覚えておいてください。

④の補足としては、カバーの濃さ=ラインの太さになるので同じですが、それと食わせ能力。

ひと言でいえば精度。

食わせの精度が高いのは絶対にスピニング。リールが下についている時点で、ベイトはスピニングには勝てません。なので、食わせを意識するか、カバーを意識するかと考えると、よりシンプルになります。

少し難しい内容になっているかもしれませんが、これだけ質問をまとめられる人なので、きっと理解してもらっていることでしょう。

もし理解できなかったら…、頑張って何度も読んでください(笑)。

Q.16

ワームリグ②

ネコリグの使い方

夏のタフな時期にも効くという、ウィップクローラーなどストレートワームのネコリグですが、いまだにいまいち使い方がわかりません（自信が持てません）。そもそもこれは、ピンを撃つためのリグなのでしょうか？　あるいはヘコヘコと広く探るリグなのでしょうか？　もしくはボトムをズル引きしたり？　カナモさんが多用するシチュエーション、使い方を教えてください。初歩的な質問ですみません。

A.16

「多様性がキモなので、使いどころを見極めることが重要です」。

〝初歩的〟とありますが、決して初歩的な問題ではありません。

結局、ネコリグでよく釣る人というのは、この点において、カッチリキッチリいいジャッジができる人です。

それはなぜかといえば、ネコリグとはまさにピンを撃つこともできるし、広域をスイミングでサーチすることもできる。

裏を返せば、**ネコリグはいかようにも使える、変化する、対応できるリグです。**

ここ数年のトーナメントシーンを見ても、年間順位のシングル、あるいはその試合で上位に絡むアングラーは、ネコリグがうまいはずだと思います。

これはトーナメントだけではなく、僕らのようなオカッパリでも同じです。

例えば川村光大郎さん。メディアで見ていても、使用頻度の高いリグはやっぱりネコリグですよね。

そう言う僕もそう。フィネスで最も多用するリグと言えばネコリグです。

それは、今書いたように、いかようにもアジャストできるから。

より深く言えば、最もスピーディにアジャストできるリグでしょう。

例えばジグヘッドワッキー。理に適った動かし方をしようとすれば、ヘッドウエイトは限られます。ワームが４インチであれば０・９グラム、５インチなら１・３グラム、８インチなら１・８グラムというように、ストレートワームがジグヘッドワッキーとしてきちんと動いてアクションが継続できるウエイトは決まっています。

そうなると、正直フォーリング速度は遅い。

となると「ここだ！」と思って瞬時に撃ち込むことはまず厳しい。

スモラバも、ジグヘッドワッキーと同じくフォールスピードは速くないし、瞬間に当てこむには不向きなリグです。

ダウンショットであればウエイトを変えれば対応はできますが、ネコリグとの決定的な違いは、カバーに弱い、入れにくいということ。

仮にオフセットであればカバーも撃てますが、すり抜け性能はネコリグに比べるとやはり劣り、シンカー的にも根がかりの頻度はどうしても高くなる。となるとボトム付近でのスピーディな展開は難しくなります。

つまり、フィネスと呼ばれるリグの中で、最もあらゆる状況にアジャストしやすいのがネコリグです。

シンカーウエイトを軽くしても、同じウエイトの他のリグに比べてフォーリングは素早い。とは言え食わせの要素も高い。

そんなネコリグをどういったシチュエーションでどうやって使うかを理解さえすれば、一番使いやすいリグとも言えます。

さて、ここからが回答のキモです。

ネコリグは、**広く探るケースであれば、スイミング。**狙いたいレンジで横に動かす。流れを使う場合はドリフトですね。

対して**ピンを撃つのであればシェイク。**要は縦の操作です。縦に落として縦に操作して回収する。

要はこの使い方が重要で、すべてのシチュエーションに対応します。

例えば流れのあるポイント。

広く探る場合は、きちんと流すことができるウエイトを使う。流れていてもあのヨレがよさそうとなれば、ピンの考え方なので、流されないウエイトで、撃ち込んで縦に誘ってピックアップ。

縦に誘うならロッドを縦にさばく。

線状に探るなら泳がせるかボトムを引いてくるかのどちらか。

まずはそこをしっかりとシンプルに使い分けること。

それが理解できていれば、ここはどう使うべきかというシチュエーションも、おのずと分かるようになるでしょう。

Q.17

ワームリグ③

ミドストのコツ

毎年晩秋から初冬にかけてミドストで釣っているのですが、同じタイミングで金森さんが２０１３年の陸王波介川戦で、フラッシュＪスプリットのミドストで魚を手にしてるのを見ました。あまり誌面などでは見る機会がないのですが、カナモさん流のミドストについてのコツやタックルセッティングなどを教えてください。また、ミドストにＰＥラインはアリでしょうか？　ちなみに自分はロッドがグラディエーター・バイトコネクション、ハイギアスピニングにフロロリミテッドハードの４ポンド。０・９グラムのジグヘッドに３インチの魚系ワームでやっています。

A.17

「入り口は〝中層をなんとなく漂わせる〟で構いませんが、奥はすご～く深いです」。

まぁまぁまぁ、自分、それほどミドストのイメージはないのですが…、メディアをよ～くチェックしてもらっているということで、できる範囲で答えさせていただきます（笑）。

ミドストは、ひと言でいえば中層を漂わせる釣り。

この中層を漂わせる釣りにおいて、ジグヘッドを使うのが最もポピュラーです。

でも人によっては、ダウンショット、ネコリグ、ノーシンカーでi字引きのようなカタチでもできなくもない。

つまり、ミドストはジグヘッドだけとは限りません。

さて、そんな前提があって、自分レベルのミドストの考えで述べるのであれば（笑）、そのキモとしてまずあるのはタックルセッティング。

使っているリグの重さに対して、手前に早く来すぎない、浮きすぎないタックルを使うこと。さらに言えば、いまそのリグをミドストで使わないとして、ベストセッティングと思うロッドよりも、もうワンランク柔らかいロッドを使うことです。

というのは、ベストセッティングのロッドをミドストで使うと張りがありすぎて、リグが手前に早く来やすい、もしくは浮き上がりやすい。

となると、もうワンランクライトにしてあげたほうがミドストではマッチします。

テーパーも先調子（ファストテーパー）よりも胴調子（スローテーパー）のほうがミドストにはマッチします。

先調子だとロッドをアクションさせた時に、ラインのピークが早く来すぎてラインが突っ張ってしまいますが、胴調子であればラインのピークはいい意味でダルダルになって、ミドストの基本中の基本である**〝ラインスラックを出したままルアーを泳がせる〟**ことができます。

ロッドはライトクラス、そしてレギュラーからスローテーパーを選ぶこと。

これがひとつめです。

さらに質問にあるPEラインですが、僕が考えるミドストにおいては×に近い△。

その理由としては、PEラインは張りを優先したラインだからで、正直ルアーの操作性はあまりよくなく、風や流れにも弱い。

×に近い△でも、唯一〇なのは、ラインが硬いのでいわゆる糸鳴りがすること。

糸鳴りは状況によっては×ですが、状況によっては魚を寄せることができる。

例えば、だだっ広いエリアでミドストをすることによって、食い気のある魚を呼ぶという音の効果が期待できることもあるにはある。

でも、裏を返せばだったらミドストじゃなくて巻き物でいいんですよね。

本来は巻き物で獲るべき魚なので、基本的にはミドストにPEという積極的な選択肢は僕にはありません。やはり細めのフロロ、R-18フロロリミテッドのベースは**4ポンドを使っています。**ハイ、ラインはそれで解決ですね（笑）。

しかし！　ハイギアのリールを使っていると。これは今までの回答からも分かるように、基本的には早く手前に来すぎないようなセッティングをするべきなので…△。

でも、ラインがたるんだ状態で操作していると、バイトしてきた時にラインがダルダルなので、すぐに回収してバシッと掛けるという意味では悪くはありません。

なので△。自分が思う以上に、ゆっく〜りと巻いてください。

これがタックルセッティングの心がけです。

ルアーに関しては、フラッシュＪスプリットを使っていたということもありますが、フラッシュＪに限らず、ジグヘッドで中層を泳がすには、ワームのシルエットも大事です。

姿勢、アクション、ワームも重要ですが、それ以上に大事なのはジグヘッドの重さ…ではなく、

ラインアイの角度にあります。

90度アイか120度アイか。

これによって、同じミドストで中層をスイミングさせるにしても姿勢とアクションパワーが変わってきます。

90度アイは足元に落とすなどの縦の釣りには適しています。

例えば足元の縦護岸に垂直に落として中層でコータローさんがやるようなマイクロピッチシェイクをする時にはマッチします。

でも、中層をスイミングさせた時には、どうしても前につんのめって違和感のある姿勢になってしまいます。

ただしそれが、懐のある広い場所や流れや濁りがある場所ではアピール力となって目立ってくれますが。

対して120度アイは、キャストしてスイミングさせたときに姿勢がよく、ここで食わせたい、ここにいるな、でも魚のジャッジが厳しい時、ナチュラルかつピリピリと繊細に泳がせたい時にはマッチします。

ということで、**僕のミドストのベースは120度アイです。**

ちなみに陸王の波介川戦でも、濁っていた流れが強くなっていたという理由から90度アイを使いましたが、レギュラーコンディションであれば120度アイを使っていたでしょう。

ジグヘッドのアイの角度ひとつとってもミドストは大きく変わってきます。

なんとなく中層をふわふわさせればいいというのは、入り口としてはいいんですが、結構できるなと思ってきた時に、こうした使い分けができるとミドストへの理解もさらに深まるし、何より人よりも釣ることができるようになるでしょう。

謙遜しつつ始めましたがアラこの通り（笑）。

実はハイエンドなことをしてるぜアピールでした（笑）。

ちなみに、あえて触れなかった具体的なロッドですが、僕の場合はネゴシエーター61を使っています。陸王のようなロッド制限がある時には、技術でフォローしますが、0・9グラムのジグヘッドを使うのであれば、よりライトなロッドを使うべきでしょう。

そしてより幅広い重さでミドストをやりたいのであればオペレーター。

ん!?　バイトコネクションは使ってませんね（苦笑）。

バイトコネクションは張りがあるんですよね～。

でもでも、悪くはありませんよ！

1・8グラムのジグヘッドで3～4インチクラスのワームでやるなら大正解！

バイトコネクションも使うぜ！　ってことで、まとまりました（笑）。

Q.18

ワームリグ④

ギル系ワームの
フッキング法

艇王でのブルフラットパターン、シビレマシタ!! ジャンル・メーカー・ノーリミットということで質問させていただきます。自分は、ギル系ワームでアタリがあっても、いまいちフッキングが決まりません。なにか、コツはあるのでしょうか？ あと、レイドジャパンでギル系ワームを出してください!! これは質問ではなくお願いです（笑）。

A.18

「シンカーの重さとスパイラルフォールの関係を覚えてください」。

レイドジャパンでもギル系ルアーの研究および開発は…やってぇ…いまぁ…すッ！ 溜めましたね～（笑）。ハイ、やってます。

ですが、結局まだプロトの段階なので、弾数もなく、艇王には持ち込めなかったというのが正直なところでした（※掲載当時の話です）。

話はそれましたが、いま世の中にあるギル系ワームというのは、個人的な見解では3タイプ。

ひとつはデプスさんのブルフラット、もうひとつがノリーズさんのフリップギル、そしてここを忘れちゃならないのが、ハイドアップさんのスタッガーワイド。これが元祖でしょう。これらがギル系、もしくはフラット系ワームと呼ばれているものです。

まぁどんなジャンルのルアーにも共通しますが、その捉え方とどうフィールドに当て込むか、いわゆる使いどころと出しどころが大事。

どこでもかしこでも釣れるルアーなんて言うのは、もはやこの世には存在しないので、それをいかに的確に捉えるかが重要になります。

ギル系ワームでアタリがあるけどフッキングが決まらない。

これはすごくよく言われていて、僕の周りでもよく聞きます。

これは上から目線でもなんでもないので、誤解されたくはないんですが、キモをしっかりつかんでいないとそうなるワームですね。

ちなみに僕はノラないことはほぼありません！　エッヘン（笑）。

そのキモは何かというと、ズバリ先ほども述べたように、理解力。

ギル系ワームで、基本ベストなリグはテキサス、次にダウンショット、そして個人的にはあまり使いませんが、リーダーレスダウンショットになりますが、**いずれも用途としては、スパイラルフォールです。**

そうなると、**シンカーの重さが何グラムならきれいにスパイラルフォールするか**を知っているか知らないかで、魚のいいストライクがもらえるかもらえないかという差になります。

例えば艇王で使ったブルフラット3・8インチは、3・5グラムがベスト。同じく4・8インチは5グラムがベストです。

このように、そのワームの規格、サイズや形状によって、ベストなシンカーウエイトは異なります。これはテキサス、ダウンショット、リーダーレスダウンショットによっても差は出ますが、まずはシンカーウエイトをアジャストさせてやること。そうしないとベストなアクションは演出できません。

さらにテキサスでも、ペグ留めをシンカーに密着させると、ベストなスパイラルの軌道が出ません。そのため僕の場合は、ペグをラインアイから3センチ離した位置でセットします。

それによりシンカーが離れて落ちようとする、その時に絵に描いたようなスパイラルではなく、斜め軌道のスパイラルを描きますが、それが個人的にはもっとも効果的なアクションだと認識しています。

こんな風にシンカーウエイト、ペグの位置、さらに言えば、**キャスト後にラインスラックをしっかり出せているか。**当然ラインテンションがかかった時点でカーブフォールしてしまうので、きれいなスパイラルフォールにはなりません。ハイ、これが理解力です（笑）。

そして次の段階は、こうしたスパイラルフォールがどういうシチュエーションに向いているか。

シャローフラットの沖に漠然と遠投するワームでしょうか？

答えは１００％違います。

あくまで縦方向へのスパイラルフォールが魅力なので、基本的にはカバー、縦ストで使います。シャローフラットで使っても、効果を引き出すことはできません。


縦を意識できるスポットで使うこと。


そしてシンカーウエイトやペグ、ランスラックを気にして使えるかどうか。

これらをしっかりと理解していれば、フッキングできないようなバイトは出ません。

むしろ個人的に使って思うのは、アタリが出ないバイトこそが最高だということ。

バスがスパイラルで落ちるワームをそのまま違和感なく吸い込んでくれるからです。アタリがなく、気付いたらワームがス〜ッと走っているのが、この手の釣りのベストなストライクで、逆にコン！ときてしまったら「あ〜いい誘いはできなかったけど、なんとか食ってくれたな」と思うくらいです。

そのためには、細かいことですが、そうしたことが差になる。

むしろ、そこでしか差が出ないカテゴリーともいえますね。

岸釣りでは特にラインに角度がつきやすいので、そこが最もキーだということも最後に付け加えておきましょう。

Q.19

ワームリグ⑤

スイムベイトの
冬の使用法

冬になるとスイムベイトが強くなると金森さんの記事で拝見しました。冬にスイムベイトを使う上で意識すること、使い方、使う状況やフィールドタイプについて教えてください！

A.19

「巻くスピードとレンジコントロールを身につけましょう」。

質問にある「冬になると」という表現で間違いではありませんが、もっと掘り下げると、「低水温期に入ると」、スイムベイトが強くなります。

さらに具体的には、**〝水温15度以下のタイミング〟**です。

この水温15度というのは、クリアアップが始まるタイミングでもあり、逆に春には水温15度を超えると水に色がつきだします。

というように、水がある程度クリアな状態がスイムベイトがストロングになるタイミング。いわゆるサイズからくる視認性の高さと、サイズが大きくて目立つ割には動きがナチュラルなので効果的なんですが、逆に水に色がついたり、魚がイケイケなコンディションであれば、スイムベイトである理由は薄れてきます。

また、スイムベイトはスピード感のあるルアーではありません。

速く引くルアーではなく、基本的な考えとしては、ゆっくりと引くルアーです。

大きなシルエットでゆっくり引くことでナチュラルに動くというのがスイムベイト。

そうなると、それが生きてくるのは？ ハイ、答えは早いですよね。

低水温期である程度クリアアップしている、魚が所定の場所を中心にいて活発に動き回らない、ロックしている状態です。そんな魚にルアーを見てもらって、引っ張り上げて追いつかせるルアーとなると、スローに動いて艶めかしいスイムベイトは理にかなっています。

確かに冬に大きなルアーを投げるのには抵抗感があります。

でもこの何年か、冬のスイムベイトの破壊力を目の当たりにした時に、こういったルアーの使い方もアリなんだなと思いました。

では、低水温でクリアアップしていればどこでも強いのか？ と聞かれると、そうでもありません。

特に厳寒期、1月2月の野池では正直辛い。というのも、野池では水温が下がるにつれて、バスがエサへのフォーカスを絞り始めるからです。

それは何か。

小さいベイトです。

稚ギルを中心とした小型のベイトに意識が集中する、と考えるとストロングではありません。なので、厳寒期の野池ではバイブレーションやメタルバイブが強くなるんですが、その一方で、もともと食べているエサのサイズが大きいフィールド、ズバリ河川、リザーバーにおいてはスイムベイトは強いルアーです。

ただし、リザーバーのように広く深くなると、スイムベイトではフォローしきれないシチュエーションも出てきます。

バックウォーターなどに魚が残って越冬できるようであれば話は別ですが、具体的には水深3メートルを超えると辛いでしょう。スイムベイトが上手な人でも4メートルが限界。となると、リザーバーの本湖では逆に効率が悪くなります。

そう考えると分かりやすいのは河川です。

ある程度しっかりした規模で、水深、変化、ベイトの種類を擁する河川で使うのがベターです。ベースがクリアであることが重要ですが、そんな中でもスイムベイトは何かに潜んでいるバスを引っ張り出す力があるルアーなので、テトラ、橋脚、リップラップあるいはレイダウンのようなストラクチャーの気持ち高い位置をゆっくり引いてくる。

スイムベイトを冬に使う上で最も求められるのは、巻くスピードとレンジコントロール。

これがきっちりできないと、宝の持ち腐れです。

僕もこの釣りはまだ習得中ですが、いつも感じるのは、少しでも雑になったり、風が強くて何をやってるのかピンとこない日は、まぁ釣れません。

でもレンジやスピードをうまくコントロールできている感覚があると釣れます。

この釣りは覚えれば、冬でもでかい魚を釣れる可能性は高くなりますが、ひと冬ふた冬は丸々費やす気持ちで挑まないとそう簡単に門は開きません。

スピナーベイトが得意で好きだという人であれば多少は覚えは早いと思いますが、それでも難しい瞬間はちょくちょくあったんで、まぁまぁ心して取り掛かってください。

正直冬でも手っ取り早く釣りたいのであれば、スイムベイトよりは、バイブレーションかメタルバイブかシャッドを投げることをおすすめします（笑）。

特別 Q&A 1

【ルアーマガジン編集部員がカナモに質問】

Q

地元のロコが驚くようなビッグフィッシュを釣り上げることが多い金森さんですが、そのようなビッグフィッシュを狙うために一番大切にしていること、意識していることはありますか？

A

「どんなに優れたテクニックやルアーでも、魚がいなければ意味がありません」。

①フィールドのクセ
②季節感を踏まえた旬
③食べているエサ

以上。そう考えると、どこでもいいって訳じゃないですよね。

要はそのフィールドで最も季節を象徴する場所となるんですが、そういう場所ってそう多くはなくて、だからこそある程度のキャリアがあればすぐに見抜けるはずなんで、じゃあそこでどうしてるか。

その中でも魚が一番口を使う場所を探します。つまりはエサですよね。

エサが集まってフィーディングしている場所があること。

でもそれだけじゃなくて、フィーディングから戻る場所もあること。

その選定と絞り込みがうまくいった時には地元の人も驚くようなバスを釣っていると思います。

陸王でもそうですけど、他人よりも秀でた釣果を残そうとか、一発マキシマムを釣るとなったらそこに注力しています。

人が使ってないテクニックやルアーはいわゆる最後の詰めの作業で、どんなに優れたテクニックやルアーでも魚がいなければ意味がない。

だから僕は戦術よりも戦略派です。

戦術はあくまで絞り込めてここに魚がいるとなった時に必要になるテクニックやアプローチなんで、そこを磨く前にやることがあるなというのが戦略です。

まぁ相性もありますよね。

合うフィールドとか、合う季節とか。

でもそれだけじゃ安定して釣れないので、知らないフィールドだろうが知ってようが、まずは最初に書いた3つを自分の感覚で押さえます。

情報はあくまでベースを作るためで頼ったらダメです。

できれば疑ったほうがいいくらい。

だからこそロコの情報や常識にはないでかバスが釣れるとも言えますね。

まぁ何でも否定するあまのじゃくとはちょっと違うんで、そのニュアンスは難しいところですけど（笑）。

第2章

レイドジャパンルアー編

カナモリタカシ率いるレイドジャパンのルアーに関する質問に、開発責任者が自ら答えます！　ある意味、第一章の延長でもありますが、僕とレイドジャパンが考える、ルアーの真の意図や違いも理解してください。そうすれば、もっともっと釣れます（笑）。

Q.20

ダッジ凄く楽しみにしています。ハネモノ系（ダッジ含む）は、ハイギアリール（7・1〜7・6）がいいのかノーマルギア（6・3）がいいのか詳しく（メリット、デメリット）教えて下さい！ よろしくお願いいたします！

Q.21

おはようございます、こんちは、こんばんはいつもお疲れ様です。発売間近？ まじか!?のダッジ！ 楽しみに待ってます。てなことで質問！ 野池でダッジやクローラーベイトを使う上で肝になる使い方を教えてください。

ダッジ①

マッチタックルと使用法

A.20 21

「フィネスでスローに誘うルアー。リールはノーマルがおすすめです」。

タックルは基本的には**ミディアムヘビークラスのロッド**で、ラインは、僕の場合は遠投した先できっちり掛けたいのでPEラインを使ってますが、フロロ、ナイロンどれでも問題ありません。

むしろ遠投をしないのであれば、フロロかナイロンのほうがトラブルは少ないでしょう。なので、推奨としてはフロロ、ナイロンになります。

そして質問にあるリールのギア比ですが、**個人的にはダッジにハイギアは使いません。**というのもルアー自体が早い展開で使うべきはないからです。

基本的にはスロー。

そもそもビッグクローラーベイト自体、速く引くルアーではありません。**バズベイトとは対極の存在**と思ってもらって間違いなく、**言ってみればフィネスなルアー。**ここだと思った場所でじっくりゆっくりきっちり動かすのがキモです。

なので、ギアとしてはノーマルギアですが、ローギアでも構いません。

ギア比のストライクゾーンとしては6・2：1。ここから下げるのはアリですが、上げるべきではないというのが回答です。

野池での使いどころですが、野池以外でも基本的な使い方としては、先ほども書きましたが、フィネス。

速く乱暴にガチャガチャ巻くのではなく、ここにバスがいると思ったところに対して、文字通りフィネスに攻める。という感じで使ってください。

さらに野池では水深のあるスポットに打ち込むルアーではありません。

広く深いではなく、浅く狭いスポットで、いるけど口を使わないバスをどう怒らせるか。あるいは浅く狭い場所にフィーディングに上がってきたバスをより早く獲るにはどうするか。というところで確実に活躍するルアーです。

まとめると、**野池ではショアライン。**具体的にどういう野池か詳細が分からないので、ダッジが向くシチュエーションとして、以下が当てはまれば投げてほしいというニュアンスで答えます。

極論を大げさに言えば、ショアライン、岸際であればどこでもOKで、さらに言えば、浅ければどこでもOKです。

縦護岸も斜め護岸どちらも大いにあり。

オーバーハング、インレット、アウトレットもあり。

その池の中で魚が必ず通る場所、もしくは身構えやすい場所の岸際が確実に有効になると思います。

単純に見た目で分かるポイントですが、よさげなオーバーハング、いかにもフィーディングに入りそうな護岸があれば投げてください。

これは野池だけではなく、河川でもどこでも。**岸ギワにはバイトチャンスがあります。**

岸際以外では浅いこと。

例えばシャローフラット、沖で水深は多少あるけどウィードが生えているなどのシチュエーションであれば、岸際ではなくても投げてみる価値はあります。

つまり、それほど難しく考えて使うルアーではなく、投げるシチュエーションよりも**引き方と通し方、通す回数が大事になります。**

野池のインレットで水が動いているのであれば、インレットに投げてただ巻きしてハイ終わり！ではなく、流れのいいスポットでテンションを張っておけば一ヵ所で泳ぎ続けるいわゆるホバリングができるので、動かし続けることでドカーン！と出てくれば、まさしくビッグクローラーベイトの魚でしょう。

あるいは岸際に投げて出なかったとしてもそれで諦めるのではなく、次はスローに引いてみようなど、逆にスローから入ってダメなら強めにするとか。そういった工夫が釣果に繋がる要素になるはずです。

あとは…と解説はできますが、やっぱり使ったことがないルアーであれば、文字を読んで想像するよりも動画のほうが手っ取り早く理解できるでしょう。

ということで、これを読んで興味を持ってくれた人、質問をくれた方のように気になって仕方ない人はDVD「ビッグショット」をご覧ください（笑）。

Q.22

ダッジ②

釣れる時間帯

金森さんいろいろとお世話になっております。運良く、ダッジを購入でき、次の日に釣りに行って、前のジュークボックスの内容にあったように護岸際をトレースしたら１投目で48センチが本気食いしてきました。そこで質問があるのですが、実際に使って思ったのは、かなりフィネスな感じだったのですが、使う時間帯はやはりマヅメがいいのでしょうか？ フィネスな使い方であれば一日中投げ続けてもいいのでしょうか？ ご教示下さい！ よろしくお願いします！

A.22

「フィネスにきっちり使えば、チャンスはいつでもあります」。

１投目でしかも48センチとはいいですねぇ！ という素直な感想ですが、やはり質問をくださった方は、かなりモノを見る目がありますね…と、上から目線的な回答でスミマセン（汗）。そんなつもりはないんですが、情報が文章しかないもんで（笑）。

でも、見る目あります（笑）。ルアーに関しての感度が高いなと思います。つまりは、一見ハネモノはダイナミックな釣りに思われがちなルアーです。ボッチャ～ンと入れてカッチャカッチャカッチャカッチャでドッカ～ンというように。

でもダッジの本質は、質問にある通りで、**どこまでフィネスにやり切れるか。**

これがキモといっても過言ではありません。

これまでビッグクローラーベイトを使ってきた中でキーとなったフィネスに使うこと。そのためにこそデッドスローが必須で、それでもボディがしっかりロールしないとフィネスに使う意味はないし効果はない。なので、そういった要素、コンセプトを搭載して作りました。

だからダッジが他のビッグクローラーベイトよりもひと味違うというのはそこに尽きます。

そんな風にフィネスに使うのが正解ということで、しっかりでかバスも獲っているし、すでに見えてきているかとは思いますが、朝マヅメタマヅメは単純に釣れます。

魚のモチベーションも高いし、それこそ浅くて狭い場所はフィーディングスポットになり得るので、十二分に釣れます。

が、あえて逆説的にワンポイントアドバイスをすると、〝朝夕は極端なデッドスローじゃなくても釣れますよ〟ということ。

時と場合によりますが、ざっくり言うとそうなります。

では本題に戻して、１日を通して、ダッジをデッドスローで使うタイミングは、夏終わりの時期であれば…、日中です。

ではどういったシチュエーションが生きるのか。

いくつかあります。

まずひとつ、岸際にできた太陽の方角、時間帯によってできるシェードを攻略する時。

これも強く速く巻いてはいけません。それこそフィネスを意識して、１投でバイトがなくても、最低３回は同じトレースラインを引きましょう。

続いて、カレントがすごく効いている水門や流れ込み、河川でいえば瀬などを攻める時。

太陽光が日中当たっていかにも厳しそうだと思いきや、魚自体は流れの中や岩の裏、ストラクチャーについてジッとしていることがあります。そういった時には強く速く引いても追いつくことができません。

デッドスローでネチネチと攻めることによって、たまらず出てくるヤツもいるし、しつこく攻めることで**怒りではなく、ルアーの存在に単純に気付くこともあります。**

この時期の魚の目線は、フィーディングを強く意識することがなければそれほど高くはなりません。なので、デッドスローでゆっくりきっちりしつこく引くことが重要になります。

朝夕は極めてチャンスは多いですが、逆にこういった夏の特徴、日中になるほどシェードやカレ

ントに支配されるとなれば、それをデッドスローで誘えば、日中は暑いし集中力もなくなるし、釣れないよなぁと思っていた時間帯が、釣れる時間に変わることもあるので、気になったらぜひ。
　ルアーに関しての感度が高ければ、きっとアジャストできると思いますので、試してみてください。

Q.23

デカダッジ

特徴とオリジナルとの使い分け

金森さん、特命釣行お疲れ様でした!! 次こそはドSなお題に打ち勝つ姿を見たいです!!（笑） さて、プロトのデカダッジで50アップや終了間際にバスをキャッチされていましたが、オリジナルのダッジとどのように使い分けするのが良いんでしょうか？ シーズンやエリアなど教えてください！

A.23

「基本はダッジとは真逆の全方位型パワー系ルアーです」。

このビッグサイズのダッジ、「デカダッジ」はサイズアップしたルアーにありがちな、ただ大きくしたわけではありません。

例えばミノーとビッグベイト、スモラバとラバージグがそれぞれ違うように、似ているようで非なるルアーです。

オリジナルのダッジはどちらかといえばフィネスで、水は羽根で止めてこそいますが、感覚的には水を受け流してボディが細かくロールします。

使い方もデッドスローで、使うタックルもそれほど選ばず、釣れるバスもサイズは選ばず、数を釣る中にサイズが混ざります。

対してデカダッジは、タックルもある程度限定的になります。

重さは約2オンスで、**ヘビークラスあるいはビッグベイト用のロッド**が必要ですし、アクションもフィネスではありません。

並べると一目瞭然ですが、ボディ形状がそもそも違っていて、羽根で水をつかむのではなく、ボディ自体が水にへばり付いて大きくつかむ設定で、**水を押すパワーが違います。**

そこは内部構造のセッティングにも時間をかけてかなりこだわりました。

となると気になるのが使い分けですが、ルアマガ本誌でも実釣しましたが、釣っている魚は全部沖で、特命釣行でもそうでした。

ダッジが浅くて狭いスポットをしっかりきっちり通すのに対して、**デカダッジは全方位に訴えます。**

特に沖の魚には強い。

ボートでもそうですが、オカッパリでは狙って落とせないのが沖。

中層で狙えばなおさら何をやってるか分からない沖ですが、トップウォーターであればまだやり切れるはず。そんな**沖をクルーズするでかバスを落とせます。**

あるいは水深のある場所、波立った時、流れが強い場所などなど。ダッジだとカバーしきれない場所や状況に対して、ボディの大きさと水押しで獲っていけるのがデカダッジです。

というか、そのために作ったルアーなので、ダッジとは逆。

とはいえ何もかも相容れないのではなく、重なる部分もあります。

例えば岸際なんかは、ダッジもデカダッジも得意としています。

ただ、数釣りに関してはは正直期待しないでください。当然サイズは選ぶでしょう。

そのフィールド、スポットでストロングに強い魚を一発勝負で出したいとなればデカダッジの出番です。

逆にきっちりこぼさず獲りたいのであればダッジを選びましょう。

こんな感じで状況やスタイルによって使い分けが可能です。

実際、今年もデカダッジをテストしつつダッジでも楽しみましたが、正直今はデカダッジの破壊力がクセになってます（笑）。

ちなみに現時点では、ロケでデカダッジで釣れればすべて50アップで、最大は57センチ。

50アップというか55アップの確率が高いので、やっぱりＭＡＸサイズを引っ張れるルアーだなというのが、ここ2年ほどテストをしてきた結論です。ご期待ください。

Q.24

ツーサイド

アフタースポーン期の活用法

自分はまだトップで釣ったことがありません。でも、ツーサイドはたくさん持っています（笑）。そこで質問なのですが、これからアフターの時期に最も有効なツーサイドのシチュエーション、使い方を教えてください！！

A.24

「まずはトップウォーターの特徴から覚えてください」。

トップウォーターで釣ったことがない人には、まずはトップウォーターというルアーの考え方が重要になります。

ツーサイドだから、他のトップウォーターだからというのでは、ルアーとエサほど大きな差は生まれません。今の世の中、魔法のように釣れるルアーというのは残念ながら存在しません。

だからこそ、そのジャンルをしっかりと理解して使ってみれば、なぜそのルアーが釣れるのかもおのずと分かってくると思うし、そのほうが結果釣れます。

なので、まずはツーサイドよりも、一般的なトップウォーターの基本的な考え方を理解してください。

トップウォーターは、音と動きで寄せて食わせるルアー。

トップウォーターと言うように、いわゆる水面でしか勝負ができません。

つまり、水面まで引きつけないと意味がない。

バスを水面まで呼びつけるイメージが大事です。

ただ、その中でもルアーの特徴によっては、強い信号でバスを引きつけないトップウォーターもあります。

その代表が虫ルアー。

いわゆる視覚的にまるでワームを使うかのように、優しく誘って食わせるトップです。

ここで重要なのが、ルアーのサイズに応じて水面まで寄せられる距離が違ってくるということ。

ルアーと魚の距離が近い、魚がルアーを認識できる距離にいる、もしくは釣り人側から魚を確認できるといったケースでは、小型のトップウォーターを水面で優しく動かします。

ワームで水面を釣っていくイメージと同じです。

ただし、そういった近距離のバスという例外を除けば、小型トップウォーターは極めてアピール能力には欠けるので、浅くて狭い場所、すなわち岸際がおおむね勝負の場所になります。

例外として、バスが見えるからその近くに投げ込む。遠投しても同じで、バスがいる、もしくはいるであろう近くに落とす。これが小型トップウォーターの考え方です。そこもワームと同じで、バスの視界に入れば食わせる能力は極めて高いということです。

そして中型。いわゆるスタンダードなトップウォーターで、ツーサイドもこの分類に入ると考えてください。

これは水面からバスがいる距離は、縦でも横でも多少離れていても、ルアーをしっかりクイックに動かすことによって誘うことができます。

なので、基本的にはパイロットルアー、その日のアタリを見つけたいとトップウォーターで考えた時には最もベーシックなサイズになります。そんな中型のトップウォーターで意識すべきは、**しっかり動かしてアピールすること。**

そうすれば、岸際だけはなく、やや沖側からでも魚を呼ぶことができるでしょう。

次は大型。こいつの考え方としては、広くて深いところ、バスがどこにいるか分からないといった時に投げ込んでいく。

もしくは濁っている、風が強くて波立っている、雨が降って水面が騒がしいなどといった、バスに気づいてもらえない時に、サイズ感、動き、音、トータルのアピール力で誘えるルアーです。

特徴としては引き寄せる力がものすごく強い一方で、バスから嫌われる可能性も高い諸刃の剣。なのでケースバイケース。

でも、大型トップウォーターにしかできないことがあります。

それは威嚇。

魚を怒らせることができます。

なので、広くて深いところがベースですが、逆に浅くて狭い、小型トップウォーターを投げるようなところでも、しつこく投げ通すことによって、バスが怒ってバイトしてくることがあります。

大型トップウォーターは、一番アグレッシブにバスにアプローチができるルアー。個人的には大型が一番好きです。

以上のように、魚に気付いてもらえない限り、トップウォーターはただの浮遊物と同じ。

なので、基本的には、ワームのような考え方を持ち込みすぎると、釣れにくいジャンルのルアーになってしまいます。

小型を除いては、トップウォーターはどのジャンルのルアーよりも強く引き付ける、呼び込んで食わせるという考えが必要なルアーでしょう。

そこで、アフターのトップウォーターですが、場所としては浅くて広い、そして強い流れが当たらないというのがベースになります。

アフターの魚は基本的には浮き傾向で、ディープに落ちる体力がなくて浮いている。

しかし、ただ浮いているだけだと鳥などに襲われる危険が高いので、オーバーハング、アシなどのカバー、あるいはシェードに浮いている傾向が強い。

なので、そういった場所の周辺をトップウォーターでクイックにではなく、ゆっくりしたアクションでポーズ。このポーズも重要です。

ひと昔前は、波紋が消えるまで待つというアバウトなことも言われてましたが、**ポーズは、あくまで魚がルアーに対して距離を詰める、チャンスを与える間。**

だからこれという答えはなくこれもケースバイケース。

アフターの魚は基本的にアグレッシブではないので、ポーズは比較的長めで考えましょう。

ただし、レンジ。バスが浮いている、見えているのであれば、ポーズは長くなくても大丈夫です。目で確認できない、沈んでいるのであれば、呼ぶために縦の移動距離を考えて、やや長めにする必要があります。

トップウォーターといってもいろんな特徴を持ったルアーがあります。

さぁ、そこでツーサイド。

ツーサイドは首をクイックに左右に振るペンシルポッパータイプのルアーです。それに加えてリアにペラがついているので、チュピチャプの首振り＋ペラのチリチリアクション。

音＋フラッシング＋波動で誘います。

アフターなら、水質がクリアで浮き傾向であればただ巻き。

ペラだけがチリチリチリチリと回るような、ゆっくりした直線引きのアクションが効きます。逆に水質がステイン〜マッディであれば、ドッグウォークの首振り＋ポーズで使ってみてください。

トップウォーターは、魚が唯一直視できないルアー、言ってみれば、最も見切られにくいルアーです。

それを生かす考え方と操作が大事になるので、しっかりと理解して考えて使ってみてください。

それで一度釣れれば、1尾も釣ったことがない人にとっても、大げさではなく最強の武器に変わります。

近年の食わせの最終奥義といわれる虫系の釣りもトップウォーターです。**バスから見切られにくいことは、何物にも代え難いアドバンテージになります。**

だからこそトップウォーターは釣れるルアーなのです。

Q.25

レベルバイブ

求められる条件

金森さんのレベルバイブを愛用しています。このルアーは一定のレンジを保持することを主眼としていることは分かりますが、その他、飛距離以外で大きなポイントはありますか？

A.25

「カナモ的必須要素を50ミリサイズでクリアしていることがキモです」。

なぜか飛距離以外でと指定されてますが（笑）。
僕がバイブレーションプラグに求める要素は6つ。

- **飛距離（笑）。**
- **ファストリトリーブへの対応力。**
- **スローリトリーブへの対応力。**
- **レスポンス（リフト&フォール時など）。**
- **馬力（ゴミを拾っても動き続けるかというような動きのパワー）。**

・姿勢。

この６つの要素を高次元でクリアすることによって、いつでもどこでも使いやすくて釣れやすいルアーになる。つまり、この６つのトータルバンランスにこだわったバイブレーションです。

さて、いまオカッパリのバイブレーションのスタンダードサイズは60ミリですが、このサイズだと、この６つを平均的に整えるのはそれほど難しくはありません。

ところがレベルバイブは50ミリ台（正確には54ミリ）で、60ミリ台と変わらないクオリティを目指したのが最大のキモです。

というのは、小さいと飛距離は出にくい。ファストリトリーブをすると浮き上がってくるし、スローリトリーブも小さくて軽い分極めて難しい（ただし、シャローをスローに巻くには適しています）。レスポンスも同じく小さくて軽いから、跳ね上げはいいがフォールにスピード感がない。馬力もほぼないといっても過言ではない。

つまりきわどいボトム付近の攻めができません。

最後の姿勢だけは規格の問題なので、サイズはあまり関係ありませんが、そう考えると結論としてあるのが、50ミリ台のバイブレーションはすごく使いにくいということ。

では、なぜそのサイズにしたかというと、やはり**バイブレーションはスピード&リアクションのルアー**だということ。

ハイピッチで横に速く動く性質上、シルエットが小さいほうが圧倒的に魚をだましやすいことと、レベルバイブで想定するベースのフィールドが野池だったので、大きいよりも当然コンパクトなほうが口を使ってもらいやすいこと。

この2点から50ミリ台前半にこだわりました。

小さいボディで、いかに標準サイズと同じパフォーマンスを出せるか。これが正直めちゃめちゃ難しかったです（苦笑）。

あとは、オデコがフラットという従来のバイブレーションの固定概念を壊したかった。その理由はシンプルにフラットである必要は一切ないから。

コンパクトでもハイピッチで動かすためにと思い描いたのが、バイブレーションの利点の「円」とメタルバイブレーションの利点の「円」。その重なる部分のバイブレーションを作ろうというのがあって、メタルバイブはコンパクトなのにトルクフル、リフト&フォールのレスポンスもいい。

なぜそうなのかと考えた時に思ったのが、オデコのフラットが不要だということ。

水を受けるよりも切るほうが圧倒的にレスポンスがよくなるからで、そのためには**背中を薄くして水を切る。**

受けるじゃなくて切る。

これに気づいてシフトできたのが、レベルバイブがいままでのバイブレーションとは一線を画しているところだろうと自画自賛（笑）。

さらには姿勢も変わっていて、従来のバイブレーションは頭がフラットでアイの位置が背中の後方に寄っている。つまり立ち泳ぎのような姿勢になってしまい、どうしてもクランクベイトが潜っていくように潜りやすくなる。

それをアイの位置をフロント側に持っていくことによって、浅いレンジを水平に近い姿勢で泳ぐようになった。

これでオカッパリのバイブレーションで感じていた、ボトムタッチして泳がない、根掛かりのストレスを排除できた。

シャローをボトムタッチせずにきっちり引くことができる。

これこそが、オカッパリをテーマにしたバイブレーションだ!という新しさだという再びの自画自賛（笑）。

とにかく、そうした飛距離も含めて（笑）、トータルバランスに優れた小型バイブレーションなので安心して使って、いや、もっともっと使い込んでください。

Q.26

レベルバイブシリーズ

冬の活用法

レベルバイブシリーズが色々出ているかと思いますが（レベルバイブ、レベルバイブカウンター、レベルバイブサイレンス、レベルバイブビッグ、レベルバイブブースト）、実際どんな状況下でそれぞれ使い分けを行うべきでしょうか。特に、この冬の時期について教えてもらいたいです！

A.26

「ブーストをメインにスポットと状況に合わせて選んでください」。

冬にシリーズで一番使いやすいのは、ブーストです。 コンパクトなのに重いからよく飛んで早く沈む。

使いやすさが凝縮されています。

が、すべての状況にブーストひとつで対応できるかと言えば当然そうではありません。

メリットもあればデメリットもあるので、軸にはなっても使い分けと言う考えが出てきます。

冬のブーストといえば、いまやスタンダードになっているリフト&フォール。小刻みにテンポよく使いたいのであれば超おすすめで、ウエイトは好きなところを選んでいただければいいでしょう。

ここで大事なのは、リフト&フォールでの大半のバイトはフォール中だということ。

えっ!? 俺リフトで食ってきたことあるよ！ という人もいると思いますが、それはフォールで気づかず、リフトで重みを感じたのがおそらく事実です。

どこにバスがいるか絞れないのであれば、効率が重要なのは当然なのでブーストを使ってください。

でも、**スポットを絞り込めている、自信を持って投げられるのであればノーマルのレベルバイブ**を強めに推奨します。

それはなぜか。

ブーストのフォールスピードが速いからです。

もちろん他のメタルバイブよりはスローですが、レベルバイブよりは圧倒的に速い。プラスチックルアーの構造から中にはエアも入っているので、ふわ～っと落ちる。メタル系だと早すぎて魚がミスバイトしていることも多々あります。

ラインテンションの掛け方でフォール時間は調整できますが、面倒だし難しいので、それがオートマチックにできるレベルバイブは、絞り込めた状況であれば、イージーかつ有効になります。

続いてはストレートリトリーブ。

ブーストは他のメタルバイブと違い、ただ巻きでも艶めかしくいい動きをしてくれます。それがウリですが、パワー的にはすごく弱いです。

水がクリアアップしているフィールド、あるいは冬はあまりないと思いますが超シャローで引きやすい。でも水深があるもしくは水に色が着いているとなると、ブーストのストリートリトリーブは弱いです。

まだ動ける初冬、もう動ける晩冬では特に巻きをおろそかにするとでかバスを獲れないことが多いタイミングでは、レベルバイブのアピール力がおすすめ。

風が吹いている、フィールド、エリアが広い、水深があるなど強さが必要であればさらに強いレベルバイブビッグを選びましょう。ストロング仕様のビッグなので、感覚的にはクランクに近い水押しです。

巻けば分かると思いますが、ビッグ≫ノーマル＞ブーストのニュアンスです。

サイレンスやカウンターは音の使い分けになりますが、冬**を中心にすると、個人的なベースはノーマル。**

クリアアップした水は硬くて重いですが、正直この状況でカウンターは響きすぎてしまうので残念ながらあまりおすすめはできません。

冬ではないシーズンに使ってあげてください。

どうしてもと言うのであれば、強い濁りが急に入った時や雨が続いたなどのレアケースですが、

秋のように散った魚、活性の高いを効率よく釣るにはおすすめです。

サイレンスはブーストとレベルバイブの使い分けと同じですが、**自信があればサイレンス、それほど自信がなければノーマルを使います。**

まぁ基本的には難しくはなくて、どんなルアーでも同じですが、特徴をしっかり捉えて季節やスポットに当てはめていく。

大きい・中くらい・小さい、弱い・中くらい・強い、静か・中間・うるさいと、基本はバイブレーションなので特徴は分かりやすいと思いますが、分からなければ回答を参考にしてください。

もちろん自分なりに使い分けができているので、あればそれで自信を持って使ってもらえれば問題ないと思います。

Q.27

レベルシャッド①

活躍するシーズン、条件

レベルシャッド、待ってました～!! そこでカナモさんに質問です。冬～春とサイト以外で、シャッドが活躍するタイミング？ 条件？ ってありますか？ よろしくお願いしまっす!!

A.27

「シャッドの特徴が合致すれば、季節を問わず使えるルアーです」。

冬から春とサイト以外で活躍するタイミングは…、ありますよ。

シャッドというと、質問にもあるように、**水温が落ちてから使うルアー**のイメージがあると思いますが、決してそれだけではありません。

いくつかありますが、まずはひとつ。

バスがベイトフィッシュに年中、過剰に意識がいっているフィールド。

これは概ねリザーバーが多いと思いますが、なかでもメインベイトがワカサギの場合は、シャッドの釣りは通年強くなります。

なぜなら、単純にマッチザベイトだからです。

ワカサギという魚自体、それほど大きくなく、ブリブリと泳ぐ魚ではないので、ワカサギを捕食しているバスは、強くて大振りな動きよりも、弱くてタイトなアクションを好みます。なのでシャッドが強くなるというのがまずはひとつ。

ワカサギがメインベイトのフィールドでは通年使えます。

お次はシャッドを低水温の時期に使う大きな理由に関係しますが、タフな状況だからというある種の固定概念も、これはこれで間違ってはいません。

小さくてピッチの細かいシャッドは、タフな魚に対してはとても効果的です。

逆にイケイケの状況では使わないとも言えますが、はたしてタフというのは低水温期だけなのか？　ということです。

たとえば春から夏の間でも、アフタースポーン、アフター回復でも雨が降って水温が下がってスローになることはあります。シーズン中でもそうですが、そうした**タフコンディション下でもシャッドは有効です。**

あるいは釣果情報と過剰なプレッシャーとの関係。

当然釣り人が多ければ多いほど、必然的に釣れる人の数も多くなりますが、その情報を公開することでまた釣り人が多くなるという循環では、キャスト数こそ増えますが、普通の巻き物ならスプークしてしまうような極端なハイプレッシャー下でも、ピッチが細かく、ロープレッシャーなので、魚にジャッジしてもらいやすい（スプークした魚はジャッジすらしてくれないので）というのも特徴です。

まとめましょう。

・メインベイトがワカサギ、あるいは小型のベイトフィッシュを意識しているフィールド。

・タフコン。

・ハイプレッシャー下。

この3つの条件でシャッドは生きてきます。

よくよく考えると、釣り人の意識ひとつで、シャッドの出番は多くもなるし、少なくもなるということですね。

基本的に、投げるべきシチュエーションは、通常攻める**ローテーションの最初か最後**になります。狭くて浅ければ最初からでもいいし、逆に広くて深くても見逃せないスポットがあれば、強いルアーを投げた後の仕上げ的に投げてみる。

つまり、今までは巻き物をポンポンと入れて移動していた場所で、移動前にきっちりこのコースだけはシャッドを入れておこうという考えができるかどうかということにもなります。

いずれも使い方としては単純にただ巻きですが、基本はそれで通年ＯＫ。

簡単に使えて通年活躍するルアーがシャッドなので、ぜひぜひ常備して、ここぞというシチュエーションで入れてみてください。

その時はぜひレベルシャッドでお願いします（笑）。

ちょっとひと息

アングラーが語るカナモリタカシ

木村建太

「24時間釣り人で、持ってる情報量がすごい。いつ勉強してるんやろ（笑）」。

きむら・けんた
フロッグやパンチングなどのパワフルな釣りを得意とする、ご存知「琵琶湖野郎」。陸王でもその実力をいかんなく発揮し、優勝経験も。ここ数年はアメリカのB.A.S.Sトーナメントに精力的に参戦中。

「カナモリタカシの印象？　とにかくストイックですよね（笑）。釣り人であり続けられるというか、常に。釣りに関係ないアホな話をしてても釣りが常にあるというか。頭の中のワールドすべてが釣りみたいな。いつそんな勉強する時間あるのって。会社もやってて社長なのに、この人いつオフってるんやろって、不思議なくらいの情報量を持ってますよね。

釣りは陸王でも他のメディアでもちょいちょい見てますけど、固まっているようで、自分の持ち味を生かしつつも自由というか、新しいモノをスッと取り入れてますよね。

前にセミナーで一緒になった時に「今の若いヤツらはって言わないようにしてる」って言ってて、それって大事やなと。新しい技術でも進んで勉強するし、そういう姿勢は見習わないとアカンなと思います。

スタイルとして振り幅は大きいですけど、共感できる部分もありますね。フィネスサイドがやや

強いけどパワー系も理解してて広い。
あとはめっちゃ分析してるなと。正解とか不正解とかは別で、とにかく分析。そこまで考える？　っていうレベル。
それで面白かったのが、陸王の遠賀川で僕が道を間違えた時にものすごく分析したことですね。『あそこで曲がったってことは、きっとキムケンは…』って深読みしてたという。僕は単に間違えただけなんですけど（笑）。
とにかく釣りのことを考えている時間が長いですよね。それ以上実際に釣りもしているし、DVDもセリフを覚えるほど見てるっていうし、夢の中でも釣り人なんでしょうね。ホント、いつ勉強してるんやろ（笑）」。

Q.28

レベルシャッド②

マッチタックルについて

カナモさんはこんにちは。初めて質問します！　カナモさんはレベルシャッドを、ベイトフィネスタックルとスピニングタックルのどちらで使うことが多いですか？　単に障害物の有無で使い分けるのがいいのでしょうか？　カナモさん的にはどうですか？

A.28

「こだわるのであれば、スピード感から選びましょう」。

シンプルだけどちゃんとできてます？　意図してできてます？　どうです、意外と答えられないでしょう！　という質問だと思います。で、すごく不親切に思われるかもしれませんが、自分なりに親切に答えると…。

好きなほうでやってください（笑）。

と言うのも、シャッドの考え方なんかどうでもいい！　そこまで理解しなくても使えればいい！　という人にとってみれば、ホントにどうでもいいんですよね。

となればフィーリング。

スピニングでしっくりくるならスピニングでいいし、ベイトフィネスが合うならベイトフィネスでいいだけのこと。

あとは質問にあるように、障害物が沈んでいてラインブレイクが心配ならベイトフィネスでいいし、逆にオープンならスピニングでいいと思います。

もしくはリズム感。

巻きの釣りはテンポも重要なので、リズムが合わないタックルを無理に使う必要はありません。

というように、シャッドを理解しなくていいというのはちょっと言い過ぎなので言い換えると、まだシャッドの入り口に立っただけという人であればそれで十分だと思います。

でもある程度シャッドが好きで使い込んでいる人であれば答えも変わってきます。

スピニングとベイトフィネスは絶対に使い分けるべきでしょう。

それくらい劇的に違ってきます。

では何をもって使い分けるのかと言えば、**それはリール、つまりスピードです。**

確かに単純にラインのポンド数によってもスピードは変わります。同じシャッドでも４ポンドと10ポンドでは、抵抗の少ない４ポンドのほうがスピード感は出ます。

でもその一方で、スピニングリールのハイギアとベイトリールのハイギアでは、巻きスピードは根本的に違います。スピニングではハイギアでもギア比6いくかいかないか。でもベイトフィネスではギア比8というリールもあります。

巻き抵抗が弱くタイトなアクションのシャッドに求められる要素としては、スピード感。

特に速く動かすためにはベイトフィネスが絶対。

ハンドル1回転2回転でスピードを出そうとすると、これはもうスピニングには不可能な領域です。

分かりやすい例ではサイト、あるいは水の透明度が高くてシャッドを見切らせたくない場合や、バイブレーションのリフト&フォールのようなリアクションなどなど、**積極的に仕掛けていくシャッドをやる時にはベイトフィネスです。**

逆にさほどスピードは必要ない、霞ヶ浦のようなマッディなフィールド。あるいは水中に消波ブロックがあって、その隙間にいる場合やボトムの起伏が激しい場所なんかでは、スピニングです。

ラインが細くても獲れると思った場合に限定はされますが、スピードよりもタイトにしっかり通したい時にベイトフィネスだと知らない間にスピードが出ている場合があるので、スピニングを使います。

と、こんな感じでスピニングとベイトフィネスを使い分けることはできます。

が！　まぁまぁオタクの世界です。

自分でもこんな細かいことどうでもいいかなとは思います（笑）。

ただ、スピードを上げようとすればスピニングよりベイトフィネスのほうがいいということは確かです。気になったらやってみてください。

気にならなければフィーリングで結構です（笑）。ってことで、といきたいのですが、オタクついでに最後にひとつ（笑）。

シャッドはラインが太いほどアクションはタイトになり、逆に細いほどワイドになりますが、クリアレイクやサイトなどで速く動かす時には…、どちらを使うべきでしょうか？　これはぜひともみなさんで考えてみてください（笑）。

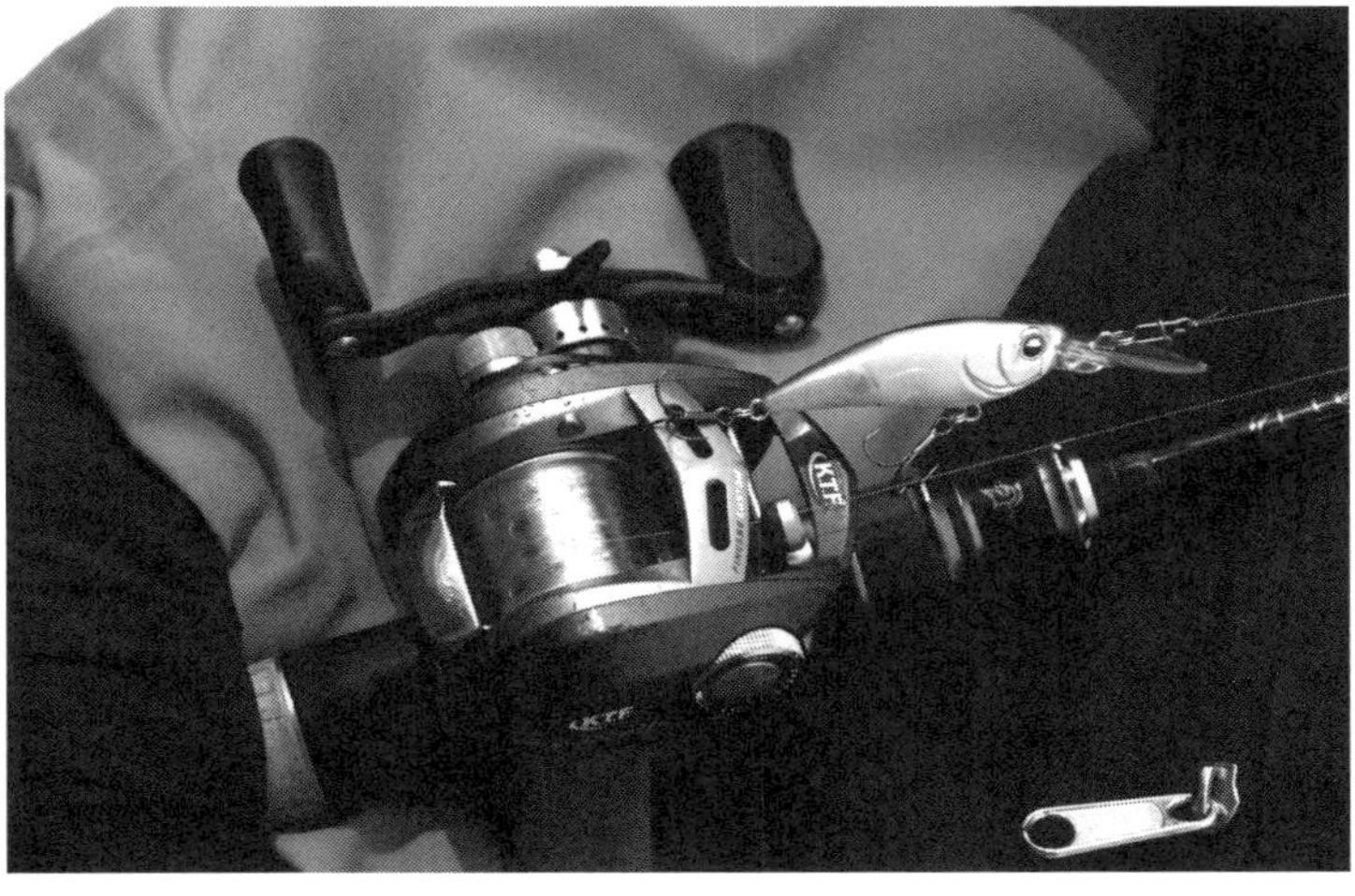

Q.29

オカエビ

スモラバとの
マッチングと使用法

前回（ルアマガモバイル掲載時）の質問の冒頭で「年明けからエグジグ＋オカエビを使い込んでいる」と書いてありました。この厳寒期、カナモさんはどんなアクションでスモラバを使っているのでしょうか？　また、どんなエリアを狙っているのですか？　教えてください!!

A.29

「ピリピリ系のスモラバとのマッチングを意識して使っています」。

質問にもありましたし、前にも書きましたが、なぜエグジグ＋オカエビを使い込んでいるのかというところからお話します。

それはルアマガモバイル読者のみなさんならご承知の通り、ある釣り人が引き金を引きました。

そう、青木大介です。

2012年の11月、霞ヶ浦でのルアマガ本誌での陸王の決勝戦。

エリア、釣り方、ルアーとすべて大介と一緒だったにもかかわらず、釣果に差が出ました。見立て的には全部同じで、つまり釣り人としてハズしはなかった。

ではどこがハズれたのか？

それがスモラバの使い方でした。

スモラバに対しての理解力、集中力、精度の高さが大介よりも低かったのが、単純な敗因。であるならば、超えられるかは別として、まずは青木大介レベルまでもっていきたいということから、この冬は徹底してフィネスをやり込むと決めました。

ただひたすらフィネス、特にエグジグ+オカエビを使い込みました。いわゆる負けを負けのままにするか、糧にするかということで、その負けを分析して克服し、さらに突き詰めようということでした。

そこでまずは、スモラバの特徴を考えてみました。第一にはラバーのピリピリ感。モサッとあるラバーがそれぞれに違う動きを出せる、逆に言えばすべてのラバーが同じ動きをするのは難しい。ラバーの長さもそれぞれ違うので、動きは必ず違ってくる。それぞれのラバーがパラパラピリピリ動いているのがスモラバの特徴だと。しかしこれはある程度スモラバを使い込んでいれば、容易にたどりつくでしょう。

青木大介はそれよりも一歩、二歩先を行っていた。だから勝てた。

それならば何をするべきか。

特徴である別々に動くラバーを、いかに美味しそうに動かすか。別々に動くで終わっていたのを、水中でのラバーが1本1本ワナワナパラパラピリピリと動いている様子をイメージしながら、感じながら動かすこと。

その動作を頭と体に染みつけているのが現在の段階です。

この水深でこの距離でこの強さでこのタックルで動かせばこう動くだろうと。

具体的には、1・4グラムのエグジグに2・5インチのオカエビをセットして、それを現在開発中のグラディエーターテクニクスのオペレーター63で投げる。

飛距離が約15メートル、水深が約2メートル。そこで最も魅力的にラバーが独立した生き物のように動くには、これくらいのシェイクが必要だろうというのを頭で想像して動作とリンクさせる。

15メートル先と手前では当然シェイクが伝わる強さも変わるから、それも考慮しつつ、想像しながら想像通りに動かす練習をひたすら繰り返す。

言ってみれば、イメージとアクションのW修行状態（笑）。

でもまずはベース固めが重要ですからね。

それは極端に言えば**釣るためではなく、最高のアクションを出すための練習**ともいえますが、もちろんそれを釣れるであろうエリアで試せば、釣果はおのずとついてくる。

だからこそ驚いたことに、この寒い冬でも魚のキャッチ率は7割超でした。

質問にもありましたが、狙っているエリアはというと、これもスモラバの特徴から考えます。

それはスタック、つまり**根がかりが少ない**こと。

あれだけラバーがあってなおかつ軽いので、岩の隙間には入りにくい。

例えばリップラップのように、ネコリグやダウンショットではスタックしてしまうようなエリア。

そこには低水温になってジッとしているバスが隙間にいる確率も高い。

そんなハードボトムで、リップラップや岩が点在する複雑な場所にスモラバを落として、リップラップをなめるように引いてきてもスタックしにくい。そこに隠れているバスがいて、魅力的なアクションが出せていれば、自然と釣れるということです。

さらに、エグジグとオカエビのコンビネーションで生み出されるのは、エグジグはラバーがピリピリパラパラしていて、オカエビも触覚などの細かいパーツが複雑に動く。

とはいえスモラバのようなピリピリパラパラではなく、ヌルヌルヌメヌメ系なので、ピリピリパラパラとヌルヌルヌメヌメのハーモニー（笑）。

それをイメージして、しかるべくコースをトレースしてくる練習をしている、というのが現状です。

これはスモラバに限ったことではなく、ありとあらゆるルアーに当てはまります。

そのルアーの特徴を理解して、最大限に生かす。

それが釣れる釣り人になる第一歩だと思い、寒さに負けず精進しています（笑）。

Q.30

ウィップクローラー

ネコリグでのセット法

ネコリグのフックセットについて質問です。カナモさんは、たとえばウィップクローラーをネコリグで使う場合、縦刺しと横刺しはどちらを多用しますか？　その理由も教えてください!!

A.30

「どちらも使いますが、ウィップなら4種のアクションが使い分けられます」。

ネコリグにおける縦刺し横刺しですが、多用という意味ではどちらも多用します。ただし、もちろんですが、その違いを理解することが重要です。

縦刺し、要はフックとワームを同じ方向にセットする場合は、大げさに表現すると縦のアクションになります。常にワームのヘッド部分が下を向いて、テールが上に反り上がってピクピクと動く感じですが、その特徴として、アピール力は弱いです。

なので、攻めるポイントが明確になっている時や、ピンを撃つ、さらにはボトム集中型といったところで、極力、**魚に違和感を与えずエサっぽく食わせたい時には縦刺しは有効です。**

逆にフックとワームがクロスする方向にセットする横刺しは、ネコリグではありますが、アクション的にはワッキーリグに近くなります。

これは魚に対してアピールしたい時。ピンでは見えていないけど、なんとなくこのあたりというアプローチ。あるいは魚影が薄い、水質が濁っているなど、ネコリグといいつつも、**アピール力を出したい時には横刺しになります。**

もしくは攻めるポイントの特徴によっても変わります。

例えばリップラップなどの根掛かりが多発しそうなスポットを縦刺しで攻めると、さらに根がかりしやすくなります。逆に横刺しのほうが、根掛かりはしにくくなります。

その一方で、消波ブロックやウィードの隙間などの狭いゾーンに入れ込んでいきたい時には、ワッキーアクションの横刺しよりも縦刺しの方がおすすめです。

フォール姿勢としてはどちらも棒状で差し込めますが、落とした先で動かして、抜きやすいのはゾーンが狭ければ狭いほど縦刺しになるからです。

こんな感じで、簡単な説明ではありますが、アクション、攻めるポイントの特徴、水質、もしくはどう釣りたいかによって、ウィップクローラーはもちろん、他のストレートワームにおいても縦刺しと横刺しの使い分けがあります。

で、ここからは宣伝です（笑）。

同じストレートワームでも、ウィップクローラーは、縦刺し横刺しプラス、平面刺しと三角刺しがもれなくついてきます（笑）。

つまり、**ウィップクローラーには平面と三角面のふたつの面が存在しています。**

平面は水を強く受けて動くので、アピール力は強く移動距離は短い。

なので、短距離で粘って強く動かして魚に気づいてもらいたいときは平面縦刺し。これがベスト。

続いて平面横刺しが強さとしては2番め。

逆にクイックに動かしていきたい、リアクション的に動かしていきたい時には三角面に刺します。

この場合は縦刺しのケースはまれで横刺しがメインになりますが、これでリアクションを狙ったり、クイックでベイトフィッシュライクなアクションを演出することが可能になります。

つまり、ウィップクローラーの場合はネコリグでも４パターンのアクションの使い分けができるということ。これも踏まえて、ぜひとも使い分けてもらえればと思います。

Q.31

ファットウィップ3インチ

特徴と使い方

先日、釣り具屋の新製品のコーナーにファットウィップの3インチがあったので、即バイトしました。持ってすぐに分かるくらい比重が高いので、ノーシンカーでの使用がメインで、ノーシンカーでもワッキーでエビっぽく、オフセットで底にいる魚っぽく動かしやすいのかなーと想像しています。実際どのように使うと効果的なのか、教えていただきたいです。

A.31

「やはりノーシンカーがメインですが、シンカーを使っても多才です（笑）」。

質問にもあるように、使い方としてはズバリノーシンカーがメインです。

ノーシンカーワッキーにノーシンカーオフセット。

その辺りをメインコンセプトに作ったワームなので、それで使っていただければ問題はありません。

が、イレギュラーな使い方として、対リップラップにおいては、ベイトフィネスによる２・５グラム前後のシンカーを用いたペグ止めナシのライトテキサス。

こいつを小刻みに動かすというのは、ウチの江口俊介が近年よくやっている**「瞬テキ」**というヤツですが、これが思った以上にスタックせず、ベイトが逃げ回っているようなアクションを演出できます。

具体的には2~3回パンパンとシャクってフォール。

メタルバイブのリフト&フォールのイメージで、短く強くシャクって落としての繰り返し。スタックもしにくく岩の隙間にスルっと入ってスルっと出てくる。

リアクション効果も高いので、タフった時、春先や秋の終わりのように水温がちょっと低い時期におすすめです。

そしてお次は僕がやっている使い方は…、**ヘビダン。**

これが意外に釣れます（笑）。

よく使うのは7グラムのシンカーでリーダーは状況によって変わりますが、だいたい20センチ程度。

基本的には縦ストへの撃ち込みで、途中までストン！　と勢いよく落ちますが、シンカーが着底した後もラインをたるませておくと、リーダーの分だけふわぁ~っとノーシンカー状態になります。

フィールド的にはリザーバーなんかでよく使いますね。

ただ、ベースは最初に挙げたようにノーシンカーワッキー、ノーシンカーオフセット。

魚が浮いていると思えばワッキーで、魚が浮いてないとなればオフセット。

オフセットは特に野池のシャローフラットや浅いスポットを中心にボトムをズル引きしてもらえれば、数も釣れるし、何をしているかが分かりやすく、扱いやすさとしてはピカイチなので、集中して使ってもらえれば、かなり楽しんでもらえるのではないでしょうか。

ちなみに補足ですが、今回のファットウィップ3インチは、質問でもご指摘の通り、オリジナルのウィップクローラー（5インチ）よりも比重は圧倒的に高いです。

5インチはシンカーをセットして使うのが前提なので、あえて比重は軽くしてありますが、やはりノーシンカーが前提になるのでそこは変えてあります。

なので、カットして3インチにしても違うワームになるでしょう（笑）。

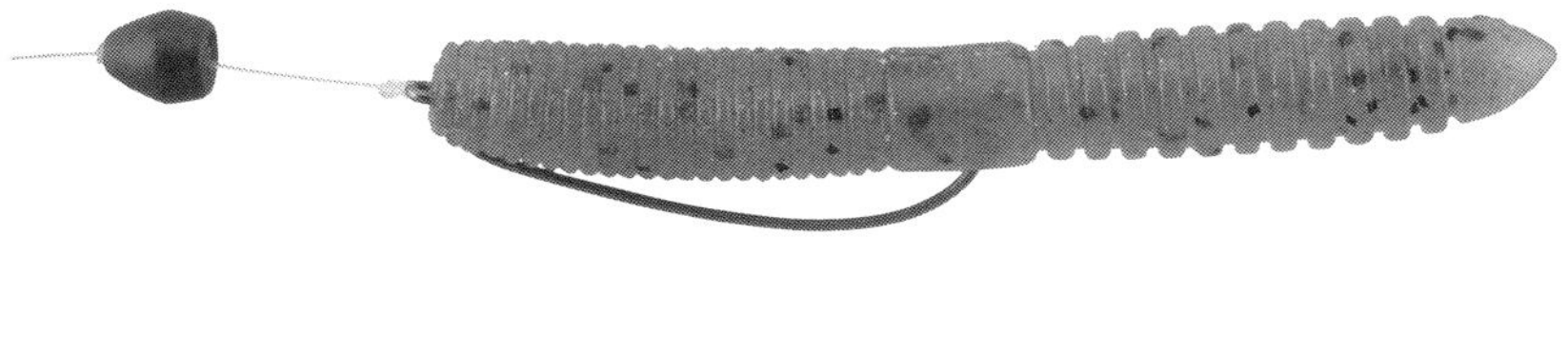

Q.32

バギークロー

ベストなアプローチ法

バギークローについて質問です。たとえばアシ際を狙う場合、バックスライドのスライド幅を考慮してキャストすべきでしょうか？　その場合、どれくらい手前に落とすといいですか？　水深によっても変わってくるかと思いますが、アプローチの目安があれば、知りたいです!!　あと、推奨フックも教えてください!!

A.32

「アシ際であればざっくり1メートルから始めて調整していってください」。

まずはシンプルに、アシ際であれば、質問にある通りスライド幅を考慮して手前に落としましょう。

護岸ギリギリだと、バギーなら壁を小突きながらバックスライドで当たってもさらにバックスライドし続けようとします（ちなみに、スライド幅が弱いワームだとそのまま下にフォールしてしまいます）。

エビやザリガニがなんかやってんの!?　という動きのイメージですが、これが護岸際。

ただし柔らかく隙間のあるアシ際では成立しにくいアクションです。

もっと言えば、縦護岸の場合はバスは水中にサスペンドしていることもありますが、アシ際はもちろんサスペンドするのもいますが、浮くかボトムかの二極傾向が強いので、そうなるとアシの場合は、素直に**根元にスライドしていくイメージ**で落としたほうが釣れるかなということです。

そこで、どのくらい手前かということですが、アシの場合は1メートル手前に落としてください。

ただ、この1メートルという数値はざっくりで、スライド幅もキャストとフックによって変わります。

真上に投げるてんぷらキャストになるほどバックスライドはしにくい。スライド幅が狭いワームであれば、下手をすれば垂直に落ちるだけ。

もちろんバギークローであればぐいぐいスライドしますが。

逆にライナーキャストであればスライドしやすいというのがキャストの差です。

同様にして、フックも種類によってスライド幅は変わります。

詳細は後で解説しますが、このように、スライド幅は一定ではないので、一概にこれだけ手前に落としましょうというようにはいきません。

まずはざっくり1メートル手前に落としてみる。

もちろん水深でも変わるし、ワームも機械ではないので、キャストごとにスライド幅は変わりますが、それで状況を見てバイトがなければもっと詰めてみる。

大事なのは、毎回毎回同じところに落とすのではなく、**着水点を意識して変えてみること。**

なので、質問をくれた方のように、着水点を気にすることは、いい着眼点だと思います。

そしてフックについて。

これはよく聞かれますが、撃つシチュエーションで変えましょう。バックスライドをキチンとさせたいのであれば、軽いフックを選びます。

え⁉　フックに重い軽いってあるの？　と思った方。ありますよ。

単純に太軸になるほど重くなるので、重いフックをセットすると、ワーム本来の動きを妨げます。

重くなるので当たり前ですが。

なのでフックはなるべく軽くする。

でも細軸だと強度に問題がでてくるので、**ほどほど太くて軽いフック**ということですが、個人的に使っているのは、リューギのインフィニの＃４／０。

ゲイプも広く、さらに強いフックです。

でも、そんなワイドゲイプのフックで注意すべきは、ゲイプが広い分、ワームの可動域も広くなるのでワームがズレやすい。

そしてズレることでフックポイント、つまり針先が出てストラクチャーなどにひっかかってロスト。

もしくはポイントを荒らす。これは避けたい。となるとヘビーカバーにはゲイプの狭い（ナローゲイプ）フックがおすすめですが、ワームの可動域が減ってズレにくくなる分根がかりは少なくなりますが、今度はフッキングが甘くなる。

というように、メリットとデメリットがあるので覚えておきましょう。

選択肢としては、フッキングさせやすく強いが根がかりの心配のあるワイドゲイプ、根がかりはしにくいが強度とフッキングに心配のあるナローゲイプ、そしてその中間というのもあるので、まずは特徴を覚えて、シチュエーションに合わせて使い分けてグッドスライドさせてください。

Q.33

バトルホッグ

特徴と使い方

レイドジャパンの新しいホッグ系ワームが超気になります!! まだ発売前ですが、予習ということでベストな時期、ベストな場所、ベストなリグを教えてくださいませ!!

A.33

「ホッグが生きる時期、場所、リグを考えてみてください」。

ベストな時期は…、ありません!

季節限定のルアーではないので、ホッグが生きる環境であれば時期は不問。

となると当然、その「生きる環境」とはなんぞや? になるわけですが、そもそもホッグワームがどんなルアーなのかが分かっていないと、もちろん見えてきません。

ちなみに、多くルアーに関するナゼ? はこれが原因です。

そもそもが分かっていないのに、時期や場所、リグをいくら考えても無意味だということ。なので、ホッグワームとはなんぞやから。

ホッグワームは、僕の中の捉え方として、ボトムをズルズルと引いてくるための形状やパーツを持ったルアーです。

一方、似たルアーにクローワームがありますが、こちらはフォールでの使用がメインになります。

特徴としては、ドライブクローやパカクローのように、ツメがフォール時にブリブリと大きく動きます。

対してホッグ系のワームでフォール時に動くのはカーリーテールくらい。

つまり、**撃ち込んでフォールで獲っていくのがクローワームで、ズルズルと引いて誘うのがホッグワーム**ということで、これが大きな違いになります。

そうなった時に見えてくるのが、じゃあホッグのど真ん中のリグって何？　ということですが、みなさん想像できたでしょうか？

ハイ、**テキサスリグ**です。

ど真ん中のズル引きがテキサスで、そこからカバーや水中のオダなどに絡めていけば、より垂直に落ちるビフテキ（ビーフリーテキサス）。

さらにカバーが濃くなればジカリグ（リーダーレスダウンショット）というのが活用形になります。

そこで、基本となるズル引きですが、実はこれが奥が深い。もはや発売前の予習レベルを超えてますが（笑）、大事なのは**シンカーに仕事をさせないこと。**

水深や流れの強さにもよりますが、基本的な考え方としては、水深や流れに対してシンカーが仕事をしすぎないウエイトを選ぶことになります。

具体的には水深1～2メートル程度のシャローフラットをズル引きするのであれば、僕の中では**3・5グラム**がベースです。

シンカーが重すぎてズボズボとボトムを叩くと違和感そのもので、それが吉と出ることもまれにありますが、基本は凶なので、**シンカーは極力軽くする。**

さらにズル引きは、使い手側の動作としてはそれほど多くは問われません。だからこそワームがどれほど仕事をしてくれるかで釣果が分かれることが多いのです。

そこでバトルホッグは、ズル引きだけでボディ側面の小さな足がピリピリと生き物のように動き、縦偏平の肉厚のツメが、ちょっとしたボトムの変化でもモゴモゴ、スイミングさせてもブルンブルン、フォールでもクネクネとアクションします。

まさにホッグの基本であるズル引きにおいては、ナンバーワンだと言い切る自信はあります。

ホッグとはなんぞや？　ズル引きのルアーだ。じゃあズル引きで最も効果を発揮する動き、そして要素は？　と、突き詰めていって完成したルアーがバトルホッグだということです。

今回紹介したのは、あくまで予習のど真ん中の話ですが、まずここを理解してもらわないとハズシも存在しないので、あえてど真ん中の直球を投げました。

でも、意外と知らなかったはず？　というところを覚えてもらえると、いざとなった時に迷わずしっかりと使ってもらえるんじゃないかなと思います。

特別 Q&A 2

【ルアーマガジン編集部員がカナモに質問】

Q

ピョンピョン、羽根モノ、虫系ルアーのダウンショット、瞬テキなど、センセーショナルなメソッドやルアーを実践してきたと思いますが、それに気が付くキッカケが知りたいです。どんなことを意識していれば、そういう次元の釣りに気が付けるようになるのでしょうか？

A

「信頼できる仲間と、とにかくトライしてみること」。

正直に答えると、すべて一人で見つけた釣りではありません。

やっぱりこれも友達であったり、地方に行って仲よくなった人だったり、人と一緒だから気付いたことですね。

例えばピョンピョンはオカ（岡友成さん）と一緒に釣りをしてた時に、めちゃくちゃボイルしててバスがベイトに集中したのを見て、「あれってルアーを水面で跳ねさせたら釣れるのかな?」みたいな会話がきっかけだったんですよね。「じゃあこうする?」、「こういうルアーあったから使えそうだよね」という感じ。

羽根モノも旧吉野川の超有名ローカル、浦川（正則）さんと釣りをしてた時に、「カナモこれ知ってる?」って見せられたのがハイフィンのクリーパーで、使い方も見せてもらってひとつもらったんですよね。

それで早速動かして気付いたのが、チューンしてデッドスローで動かしたらもっと釣れそうだってことで浦川さんに報告して、そうこうしているうちにエグシュン（江口俊介）が絡んできて、あぁでもないこうでもないっていじくって遊んでたらどんどん釣れるようになって、でも究極はオリジナルだっていうのでダッジが生まれました。

あと瞬テキは、瞬間移動するテキサスってことなんですが、エグチが使ってお立ち台に立ったのもかけてます。ただ瞬テキは僕とエグシュンというよりは、ＪＢカスミの大高（哲也）ってのがいて、彼がもともとペグなしのフリーテキサスをやっていて、それをエグシュンがブラッシュアップして、オカッパリでも使えそうだなと僕が絡んでいきました（笑）。

サイト専用ワームも以前ウチにいた人間がやっていて、もともとは彼の知り合いがやってたことがヒントになったんですよね。

とまぁ、自分一人で頭の中で考えたってものは一つもありません。

新しい釣りに出会うとか技術を上げるには一人よりも二人、二人よりも三人、信頼できる仲間とやることでどんどんブラッシュアップされます。

回答にもよく書きましたが、結局そこが大事ですよね。

あとは否定しない。

やってみてダメなら切り捨ててもいいですが、**とにかくトライしてみる**ことが何かを生むきっかけになるのかなぁと思ってます。

食いつくか流すかはまぁその釣り人のセンスになりますけど（笑）。

第3章 タックル編

ロッドやリールにラインと、ルアー以外のタックルについての質問です。初心者や新しい釣りを始める時など、あまり知識のない状態にも関わらず選ばなくてはならず、なのに長く付き合わなくてはならないので、迷ったら（迷う前にも）ぜひ読んでください。

金森隆志の岸釣りQ&A50 パート2

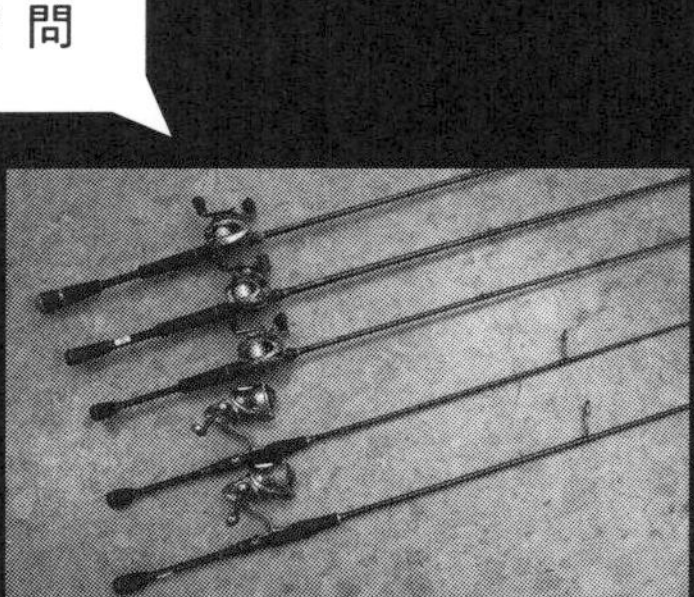

Q.34

PEタックル スピニング編

メタルバイブ以外の使い方

そろそろブーストの時期ですね！ 今年はＰＥラインのスピニングセッティングを導入しようと思っているのですが、このタックルは他に使い道はありますか？ それ専用にワンセット組んだほうがいいのでしょうか？

A.34

「圧倒的な飛距離のアドバンテージを利用してください」。

冬のメタルバイブをやる上で、ＰＥラインでのスピニングタックルの導入は大正解ですが、それがメタルバイブをやるためだけだったらちょっと高くついちゃうよねという質問ですね。

だからこそどう活用するかなんですが、**冬に限らず、オカッパリでのＰＥの使用頻度は意外に多いと思います。**

僕の場合は、ロッドはグラディエーターのナビゲーター。

ファーストリリースのアイテムですが、スピニングでトルクのある釣りをする時にはマストです。

そしてリールは２５００番台のハイギアリール。ラインの太さはケースバイケースですが、平均は

0・8号。リーダーもケースバイケースです。

ちなみにメタルバイブでリーダーを組むのは、短距離で水深が浅い場合。この時はリーダーを組むことで、PEがフックに絡むトラブルは避けられます。

逆に遠くまで飛ばす時、そしてその先の水深が3メートル以上あるのであれば、リーダーは不要です。

ラインに抵抗がかかるので絡みにくく、遠距離かつ深いのでフッキングもダイレクトになります。手元に伝わる感度も変わってきますので、攻めるポイントが遠距離で深ければ直結をおすすめします。

さて本題。

メタルバイブのほかに活躍する釣りですが（以下はリーダー前提でお願いします）、ひとつは**ライトリグの大遠投。**

野池の対岸や河川での橋脚などなど、届きそうで届かなかったスポットに対して、ネコリグや高比重ワームのノーシンカーなどのリグを撃ち込む釣りで、これは冬に限らず通年活躍します。

そしてもうひとつ。これも飛距離がアドバンテージになりますが、小型のトップウォーターの大遠投。

小さいプラグはフロロでもナイロンでもある程度の太さのポンド数で投げると、正直動きがあまりよくありません。でもＰＥの０・８号くらいであればぶっ飛んで極端な話、テキトーにロッドを動かしてもいい感じでアクションしてくれます。

あとは**スモラバなどによるカバーの釣り。夏の虫系**なんかもＰＥのほうがいいですね。

カバーにぶち込んで水中でちょうちんのようにアクションさせる、亀山ダムなどで流行っている釣りです。

まぁ本気でやるならラインはもっと太くしないとダメですが、ライトなカバーに絡めたり足場が高いような場合であればアドバンテージになるでしょう。

あとは積極的に肯定されることは少ないですが（笑）、個人的には春先のショートバイトに対応するためにシャッドなんかでも使います。

ある程度距離がある時のショートバイトには効果はあると思いますが、ロッドのテーパーに合わせたリールのドラグセッティングが重要で(間違えると弾きまくります)、それさえマッチしていれば、刺さりは圧倒的に違ってくるでしょう。

春先によくある触れるだけのバイトも掛けていけるので、悪くないと思うんですけど（笑）。

というように、ＰＥラインを使ったスピニングというのは、飛距離を代表にして意外にアドバンテージになります。それでいてフロロやナイロンのようにマメに巻き替えなくても長い間使えます。

高価だとか分かりにくいとか、毛嫌いする人は多いですが、結果財布にも優しいし、使い方さえ間違えなければ釣果にもプラスに働きます。

ただ弱点としては**摩擦、擦れに弱い**ので、そこだけ理解して使ってもらえれば、メタルバイブだけのタックルで終わることはないはずなので、今回アナウンスしただけじゃなくても、自由にいろいろと使ってみて判断してみてください。

長々書きましたが、実はそれが一番大事なんじゃないかなと思います。

Q.35

PEタックル ベイト編

ビッグベイトでの
使用について

香川県で釣りをしている者です。私は主に野池とリザーバーがメインフィールドなのですが、これからの時期に楽しみなのが野池でのフロッグとバックウォーターのビッグベイトの釣りです。お金もなくどちらも同じタックルで使っていますがフロッグはやっぱりＰＥラインでないとタックルバランスが合っていないと思いますのでＰＥラインにしようかと思っています。しかしジョイクロなどのビッグベイトにＰＥラインというとあまり聞いたことがありません。ＰＥラインでビッグベイトを使うメリット、デメリットを教えて下さい！　長々となりましたがお願いします！

A.35

「リップ付きのビッグベイトであれば、メリットは多いです」。

まずひとつ、やはり**フロッグにはPEライン**をおすすめします。

フロロやナイロンでは獲り切れない魚が獲れる確率が上がりますので、ぜひ使ってみてください。

とはいえPEは、どうしてもコストがかかってしまいます。

でも今の時代であれば、リーズナブルなPEも出ているので、それほど使用頻度が多くないのであれば、そういったPEでも十分でしょう。

8本よりで滑らかな高いPEを使わなくても釣りは可能です。

ただし、リーズナブルなPEのデメリットとしては、ケバ立ちが早くごわつきが出る。

それが最終的には耐久性に響いてきます。

頻繁にPEを使うのであれば、逆に高いPEのほうが結果得になるんですが。価格的な問題としては、まずリーズナブルなものを買うことで解消できるのではないでしょうか。

さて、本題のビッグベイトにおけるPEのメリット、デメリットですが、結局これに対しての答えは、PEの特性を理解すればおのずと見えてくるんじゃないのかなと思います。

ではメリットから。

対応ウエイト、要はポンド数の割には径が細い。これがフロロやナイロンとの決定的な差です。

例えばPEの55ポンドは普通に使えますが、フロロやナイロンで55ポンドはもうロープ級です（笑）。

つまり、細い割には強度がある。ラインが細くなると飛距離も出やすい。

あとは沈まない。

ある意味これはデメリットでもありますが、それとフッキングパワーが伝達しやすいというのもメリットです。

逆に**デメリットは、沈まないこと。**

沈まないがゆえに風にあおられやすい。風の影響を受けやすいです。

あとは擦れに弱い。ハードボトムなどの硬いストラクチャー周りで使うとリスキーで、ブレイクする可能性も高いです。

それと感度が高すぎる。水中のストラクチャーに少しコンタクトするだけで、バイト!?　と感じてしまう。これはまぁ慣れれば解消できますが。

こんな感じでメリットとデメリットがありますが、これをビッグベイトで使う状況に当てはめてみましょう。

ひとつここで条件的に重要なのは、リップ付きかリップレスかということです。

リップ付きのビッグベイトであれば、メリットのほうが多いです。

ひとつは、大きなルアーで大きなフックは貫通性が高いとはいいにくいですが、ＰＥを使うことによってダイレクト感が出るので、フッキングが決まりやすい。

また、ちょっとしたスタックでもラインが切れることは少なく、きちんと回収することができます。

もちろん太さにもよりますが。

逆にデメリットとしては動きが硬くなること。

ルアーの柔らかい動きが本来の持ち味であれば、それが消されてしまいます。

そしてジョイクロに代表されるリップレスのビッグベイト。

基本的にはリップ付きと同じですが、大きく違うのは水に沈むということ。

でかバスを釣るのが想定にあるので、根ズレが怖い。硬いボトムや岩に絡めると知らない間に消耗しやすい。これがデメリットです。

メリットとしては、飛距離が出る、フッキング性能が高い。

さらにリップレスならではのメリットは、いわゆるバビューンと呼ばれるクイックで強いスライドアクションが、足場、距離、深さに関係なく簡単にできることで、これが最大のメリットでしょう。


バビューンに関しては圧倒的にPEのほうが簡単です。


逆にゆっくりタルタルとSを描きたいとなればPEは不向きです。

もしくはバイトが極めてセレクティブ、さらに足場も高いとなればPEを使ったほうがフッキングに持ち込めます。

このように、シチュエーションやルアーをどう使いたいかによって劇的にいい場合と悪い場合がはっきりしているのがＰＥです。
なので、この話を覚えておいてもらえれば、何かの参考にはなるのかな？
いや、ぜひ参考にしてください（笑）。

Q.36

ロッド①

ロングロッドのアドバンテージ

カナモさん、教えてください！　スラッガーのようなロングロッドの有効性を具体的に教えてください！

A.36

「どう使うかよりもどこで使うか。オカッパリではメリットは多いです」。

まずはロングロッドの定義から。

質問にもあるグラディエーター・スラッガーは、7フィート11インチ。人によって定義はさまざまですが、現在では、7フィート以上がロングロッドという表現が適切でしょう。

この10年間で、オカッパリのロッドの長さは変わりました。

以前は6フィート6インチが基準だったのが、ルアーの広がりや釣り人のスキルアップによってどんどん長くなり、6フィート6インチから7フィート4インチまでがレギュラーで6フィート6インチ以下はショート、7フィート4インチ以上がロングというのが個人的な感覚ですが、みなさんはどうでしょう？

では、そんな私、オカッパリナンバーワンロングロッドおたくが、ロングロッドのメリットを解説するならば、ひとつは短いロッドよりも圧倒的な飛距離を出せること。

短いロッドがしなって生む反発力と、長いロッドがしなって生む反発力を比べれば、物理的に考えても、長いほうがより遠くに飛ばせるパワーを生み出せる。

なので、**長くてしっかり曲がるロッドのほうが飛距離が出ます。**

ロングキャストのアドバンテージ。これが何よりも分かりやすいメリットです。

例えば小規模野池などのフィールドで「対岸のカバーに届けば釣れるのになぁ！」という時。もしくは、広大なフィールドで沖を撃つ時。広い河川の沖にある瀬を打ちたい時、などなど。

とにかく遠くにルアーを飛ばさないと成立しにくい状況では、圧倒的なアドバンテージになります。

次のメリットはルアーの移動距離の短さ。

ショートロッドで頑張って遠くに飛ばしてからルアーを動かすと、いくら細かく刻んだつもりでも、手前に来やすくなります。

文字だけでは少し分かりにくいのですが、これがロングロッドなら、長さを利用することでしっかり刻むことができます。特にソフトベイトを中心としたリグの移動距離を抑えることが可能になる。

もっと言うなら、ズル引きではなくて、縦にボトムバンプをするような時には圧倒的に移動距離を抑えてより細かい、気の利いた誘いがかけられる。

これもロングロッドならではのアドバンテージです。

あとはオカッパリにありがちなシチュエーションで、目の前がアシ。だけどアシの向こう側の水際を攻めたい。いわゆるキャストでいうとウエッピングで攻めたい時には、ロングロッドのほうが、アシやブッシュ越しのアプローチが容易になり魚に口を使わせるアクションを生み出す操作が可能になります。

さらに、**長いからこそ正しいキャストフォームが覚えやすいこと**も挙げられます。

ショートロッドだとどうしても曲がりのピークが早くて、リリースのタイミングも早くなる。いわゆるタメが短い状態で投げることになります。

でも、長くてしなるロッドなら、曲がりの位置とリリース位置をしっかり把握できるので投げやすい。

ショートロッドは、コンパクトスイングのクイックキャストを覚えるには最適ですが、オーバーヘッドやサイドハンドなどの強く振り抜くキャストを身に着けるには、ロングロッドに一日の長があります。長さだけに（笑）。

大は小を兼ねるという言葉がありますが、長は短も兼ねるのは事実で、結果的に長いロッドのほうがやれることは多くなります。

ただし、よりフィネスに特化する時には、短いロッドのほうがベストかつマストです。

とはいえ、フィネス以外なら、創意工夫があれば長は短に変わることができます。

釣り人の力量次第ではいかようにも化ける。

ロングロッドをうまく使いこなせる釣り人はスキルが高い釣り人といえるでしょう。

とにかく、オカッパリにおいては、ロングロッドを使いこなすことで、ものすごいアドバンテージを得ることができるはずです。

Q.37

ロッド②

ベイトフィネスロッドの選び方

今年からついにベイトフィネスを取り入れようと思うのですが ロッドで悩んでいます。そこでカナモさんがベイトフィネス初心者にオススメするロッドはどういったものがいいでしょうか？？ 長さ、硬さ（ライトなのかミディアムライトなのか）など。ちなみにオカッパリメインです。

A.37

「近距離で繊細に動かせるロッドが基本。応用はパワーのレベルです」。

物事はなんでもそうですが、最初が肝心。

入り口を間違えちゃいけません。つまりは**どんなベイトフィネスをやりたいか**をまず考えましょう。

本当のベイトフィネスをやりたいのであればあるほど、当然ですがベイトフィネスという釣りを深く理解しなくてはいけません。

ベイトフィネスという、いわゆる王道的なスピニングとベイトの間にある釣りをやりたいのであれば、ロッドもおのずとシンプルな答えになってきます。

ただ、シンプルゆえに答えを間違えると大きく道が外れてしまうので要注意。

これはあくまで自分の経験ですが、ベイトフィネスというのは、基本的には遠投を必要とする釣りではありません。となるとひとつ、ロングレングスのロッドを選ぶべきではないことが分かります。フィネスというように、それほどパワーがないのに長さだけあると、振った時にどうしてもキャストブレが起こる。

細い竹を振ると長ければ長いほどダヨ〜ンとブレるのをイメージしてください。

つまり、飛距離よりも精度を重視するベイトフィネスでは意味がないロッドということ。さらに長いとフッキングが決まりにくい。フッキングが決まるまでに時間がかかってしまい、硬いバスの上アゴを貫きにくくなる。

この2点がロングロッドのデメリットです。

ならばどうするか。

ひとつはキャスト精度が高く、ピシッと投げられるロッドを選ぶこと。

ピッチングやサイドハンドのようなコンパクトに振るキャストが決まりやすいロッドです。

さらに縦の操作性が高く、フッキングも高い貫通性でビシッと決まることもマスト。

そこから導き出される具体的な長さとしては、**マックスで6フィート5インチ**までで、それよりも長いと、最初に書いたデメリットばかりが際立ってしまう。

これはスピニングロッドの理論でもあるんですが、より繊細に使うには、6フィート5インチ以下になる。

つまり、キャスタビリティと操作性を上げるには短いほうがいいんですが、逆に短すぎるとバランスが悪くなる。そこで、トータルでベイトフィネスを考えたときに収まりがいいのが、**6フィート3インチから6フィート6インチまで。**

これが長さの結論です。

あとは特徴から考えると、**チューブラーよりもソリッドティップ**のほうがいいアクションが付けられることも挙げておきます。

いろいろ理屈もありますが、結論としては、ソリッドティップのほうが軽いルアーをピシッと投げられて、落としてからの操作性も上がり移動距離も短くなる。

以上のことから王道のベイトフィネスロッドとしてカナモリタカシがおすすめするのは、グラディエーターテクニクスのライトフィリップスです。

6フィート4インチでレングス的にドンピシャでパワーはライト。

さらにいうとライトプラッギングもできます。

もうひとつだけイヤらしく加えると（笑）、オカッパリだとボートと違って、どうしても少しややこしい場所にもベイトフィネスでアプローチしなきゃならない。

そこで、キチンと投げる、キチンと動かす、キチンとフッキングする、ここまではいいんですが、実はフッキング後こそが大事です。

ある程度バットにパワーがないと、ボートのように近寄ってネットでランディングなんてことはできないので、ややこしい場所に入られたら終わりです。

そうなると、ファイトこそが大事で、**しっかり寄せられるバットパワーがあること**も、オカッパリでのベイトフィネスロッドでは重要になります。これは忘れられがちですが、紛れもない事実で、それをクリアするのがライトフィィリップスということです。

ど真ん中のベイトフィネスがライトフィィリップスですが、いやいやオレはもう少しパワーのある釣りがしたいんだよとなると、スピニングとベイトの間よりもワンランク上、ベイトフィネスとベイトの間にある、レイドジャパンが提唱するパワーベイトフィネスロッドのバウンティキラーと、この2本が選択肢ですね。

どんなベイトフィネスをやりたいか、王道かパワー寄りか、それが大事です。

ただ軽いルアーを投げられて、なんとなく釣ってみたいのであれば、いわゆる市場に溢れるベイトフィネスロッドでも問題はないと思いますが、やりたい釣りがあればあるほど、しかもオカッパリであれば、長さ、硬さ、パワー、製法などの要素を細かくチェックすることをおすすめします。

いわゆるベイトフィネスが流行しだして数年経ちましたが、そろそろ成熟し始める頃でもあると思うので、今から始めようとする人にとっては、間違えにくくなるでしょう。

新しければ新しいほど、正解は見えず、混乱しているのが通常なので、今のスタートというのは、ある意味正解です。

なので、このコーナーだけではなく、ショップスタッフや友人、釣り場でもしっかりと使いこなしている人に話を聞けば、自分の理想とするベイトフィネスに近づけるのではないでしょうか。

Q.38

リール

巻き物での
巻き手と利き手

はじめまして、悩めるオカッパリバサーです！ 金森さんに質問です。一般的に巻き物のリールのハンドルは右巻き（利き腕側）だと言われていますが、金森さんは巻物を左巻きでやっていますよね？ 左巻きでやるメリット等を教えてはいただけませんか？

A.38

「どちらにもメリット、デメリットはあります」。

一般的には巻き物のリールのハンドルは右巻き。

要は利き腕側だと言われているのは確かなこと。そんな中、なぜ僕が左巻きなのかということですが…。

ズバリ、どちらにもメリット・デメリットがあります。

が、自分に合うのは左巻きだと判断してチョイスしました、というのが回答です（笑）。

では、なぜそうなったかを説明しましょう。

そのためには、まず両者のメリットを考えます。

一般的に巻き物のリールは利き腕、日本人は右利きが多いので、右巻きになりますが、その理由はフッキングの動作に基づいています。

フッキングは利き腕、ハンドル側でアワせるのが理想で、そうなると右利きであれば右ハンドルをチョイスするのがベターです。

そしてこれが一番力が入りやすい動作にもなります。

つまり、フッキングに適しているというのがひとつ。

あとは利き腕なので、巻いている姿勢からスムーズにフッキングができること。ぎこちない動きになりません。

このように、**利き腕だから動きが自然になる**というのが、右巻きがいいといわれる理由の大半です。もちろん細かい差もありますが、好みや使い方になるので省略します。とはいえ、基本はここに集約されるでしょう。

では続いて左巻きですが、まずはなんといっても右利き右投げ右巻きでは切り返しというか、キャスト後の持ち直しが面倒です。

例えばバズベイトのように着水と同時に巻きたいとなっても、持ち替えでタイムラグが生じてしまいます。

これが個人的にはすごくストレスフル。

でも、右利き右投げ左巻きだとスムーズに巻き始めることができる。

つまり手返しがいいのと、これは考え方の問題ですが、利き腕を巻くことに集中させるのがいかんせん好きではありません。

裏を返せば、利き手じゃない手でルアーを操作することになります。

アクションで考えると**どちらがより繊細に動かせるか。**

スピニングの場合は右利きの人も左巻きを使う人が多いと思いますが、それは利き腕で繊細に動かしたいからでしょう。

繊細な動きはワームだけでホントにいいのかと考えると、僕の場合はＮＯ。

巻き物も繊細に動かしたい。

特にシャッドやミノーのようなトゥイッチやジャーク。ペンシルベイトのドッグウォークのように、繊細さ、精度が求められるルアーは利き腕で操作したい。

そのほうが圧倒的にレスポンスもいいし、アクションもいい。さらにはバイトに繋がる可能性も高い。それもあって左巻きを使っています。

これはもう考え方ですね。どちらを優先するか。

右利きの人が左巻きを使うとやはり最初はぎこちないので、バラす、フッキングがうまくいかないなどのトラブルは付き物ですが、それさえ克服してしまえば、僕の中では右利き右投げ右巻きよりも右利き右投げ左巻きのほうが、アクションの精度も高く、キャスト効率も高い。

一日中巻き物を投げ続けると考えると、右利き右投げ右巻きよりも右利き右投げ左巻きのほうがキャスト数が多くなる。

となると、もしかしたら**増えたキャスト数がバイトに繋がる可能性もある。**

そういった理由から、ボクは右利き右投げ左巻きをソフトベイトやフィネスの釣りだけではなく、巻き物にも導入しています。もちろん個人的な好みやスタイルの問題になるので、無理強いはしませんが。

ちなみに、最初は僕も右巻きでした。

当時はあまり巻き物の左巻きリールというのが主流ではなく、出だした頃だったような気がします。いいなと思ってチャレンジはしたものの、失敗ばかりで挫折しかけたんですが、せっかく高いお金を払って左巻きを買ったのでやめられないなというのが理由のひとつだったりします（笑）。

まぁとっかかりは単純に、新しくて見栄えもいいというミーハーな理由だったんですが、それでも無理くり使ってみると、メリットも見えてきて、これはホントにいいなとなりました。それが今に繋がっているというわけです。

Q.39

ライン①

素材別の使い分け

金森さんが考えるラインセレクトについて知りたいです。フロロ、ナイロン、ＰＥのこだわりの使い分けやラインの太さのセレクトなどありましたらぜひ教えてください。

A.39

「割合としては、冬以外であれば85％、10％、5％です」。

僕も例にもれず世間一般だとは思いますが、一年を通した中で**85％はフロロカーボンを使ってます。**10％がＰＥ、残りの5％がナイロンで、ナイロンはほぼ使っていません。

ナイロンを使うのはトップウォーター、しかも小型から中型のトップだけでそのほかはほぼありません。

レアケースとしてはフローティングワームのリーダーとして程度です。

ＰＥは特性上、径を細くできる。同じ強さでもフロロやナイロンと比べて圧倒的に細くできて、軽くて貫通力が高い。

硬いとも言いますが、それによって飛距離であったり操作性においてオカッパリでは特にアドバンテージになることが多いので、単純にフロッグゲームにおいて強さを求めて使うこともあります。が、基本軸はスピニング。

細いことで飛距離が出て遠くでもフッキングができる硬さを求めて使うことが多いです。

ただ、季節だと夏と冬に偏ります。

分かりやすいのは冬のメタルバイブでしょう。

PEならではの釣りなので、それが通年では10％ですが、逆に冬は85％です（笑）。

フロロに関してはこだわりも強いので、僕の中ではふたつを分けています。

柔らかくてしなやかか、張りがあって硬いか。

このふたつを、ルアーなりシチュエーションなりで使い分けてます。

個人的にはしなやかなフロロが好きですが、ある意味ナイロンを使わないというのはここに集約されています。しなやかさではナイロンと変わらないけど使いやすくて感度は高い。

大方巻き物。10年前であれば巻き物はナイロンと言われてましたが、その考えが大きく変わりました。

巻く動作、あるいはドリフトなどの釣りでは軸になります。

個人的なベースとしてはしなやかなフロロを使うのがほとんど。個人的にオカッパリで飛距離を出す展開が多いので余計でしょうね。

これが消波ブロックやリップラップ、ハードカバーを攻めるとなれば、硬くてより高感度な張りのあるフロロを使います。

これが使い分けですが、まぁ特殊でもなくごくごく一般的な解釈ですね、我ながら（笑）。なのでラインに関してはあまり語ってこなかったというのがあったりなかったりしますが（笑）、個人的にこだわりたいのが太さです。

最近ではやや太め。もちろん釣り方やルアーにもよりますが、やや太めのラインをチョイスするようになってきました。

以前は単純にどんな場合でもやや細めで、それによって飛距離も伸びるし操作性もよくなって水中へのプレッシャーも低くなる。

でも最近はそれよりもラインの重さを利用することがあります。

ラインが太い＝重いからこその利点もあるということです。

その例はダッジなどのハネモノ。この場合は太いほどいいです。

なぜかというと、常にラインを張って使うルアーではないからです。

逆にラインをたるませて、そのたるみを回収するような使い方で、そうなると単純に重いほうがラインがたるませやすい。

タラシのコントロールが非常に簡単になります。

なのでダッジの場合は下で16ポンド、もしくは20ポンドであえてたらして使います。

あとはベイトフィネスで使うノーシンカー、スモラバなど。

まずルアーだけが沈んでラインが追従すると、どうしてもルアーに角度がついて斜めのままですが、ラインが太くて一緒に沈めば水平になり、その後のズル引きなどのアクションがより自然にできます。

そんな利点もあると気付いてからは、条件によってはあえて太め、ベイトフィネスであれば8ポンドくらいが平均だと思いますが、僕は12ポンドを使っています。

とはいえドリフトではNGで、ラインが太いとラインが率先して持っていかれるので、基本的な考えとしては**ドリフトでは細めを使います。**

ということもありますが、単純に強さを求めるだけではない、精度を求めてあえて太くて重いフロロラインを使うということがあります。

また、同じ巻き物でもラインを太くすることでルアーが平行になって潜行深度が抑えられる、平行姿勢で泳がせることもできます。

アクションも同様で、太くなると細いよりは動きの自由度を抑えられる。

いずれにせよラインの種類による特性だけではなく、太さによる特性を知ることで、ちょっとした差を生むことができるので、よかったら考えて活用してみてください。

Q.40

ライン②

ラインの太さについて

よくハードルアーで太めのラインを使用しています。友人は細いほうがいいというのですが、やはりバスはラインを見切るんでしょうか。

A.40

「細いラインのメリット、デメリットをしっかりと理解して実践しましょう」。

ラインが細いから釣れたというプロのアングラーがいます。

僕もよくロケなんかをやっていると「あ～バスがラインを見てますね」とコメントすることもあります。

クレバーなバスであればあるほどルアーよりもまず先にラインの存在を確認するヤツはいる、というのは事実です。

でも、細いラインだから釣れるというのは、事実でもあり間違いでもあります。

言ってみれば都市伝説のようなモノ。

ではなぜそれが事実のように語られているのか。

そのキーワードは〝知っている〟です。

いまやＳＮＳなどでは顕著ですが、日常的にいろいろな情報が飛び交っています。その情報を、目にする、耳にする、そして〝知っている〟。

細いラインのほうが釣れる。それを知っているのは事実ですが、それは正しくはありません。

大事なのは〝知っている〟のではなく、知って〝理解する〟こと。そして知って理解したことを〝実践する〟こと。

この流れこそが重要です。

仕事でも勉強でもなんでもそうですが、知らないことから始まるので、知ることはもちろん悪いことではありません。でも今の人は、知っただけで満足してしまいます。

その背景としては、情報が多すぎて知ったことのひとつひとつを精査する時間がない。あるいは精査する気がない、必要がないことまで知ってしまっている。

だから知っているだけ。

でも釣り人にとって、ラインは切っても切り離せない、いやむしろ切れたらダメなもの（笑）。

なので、知るだけではなく理解するまでステップアップしてください。

ということで、まずは細いラインのメリットを考えてみましょう。

知っているだけでは分からない、ラインを理解すれば必ず見えてくることがあります。

それは、自分が使うルアーやリグについてです。

ラインだけではなく、ラインとルアー、リグを理解して初めてより釣ることができます。逆にそうしないと本当の意味でもアプローチは不可能です。

ではなぜラインを細くするべきなのか。

僕がラインを細くする、具体的には４ポンド以下にする時、一番の理由は使うルアーが小さく、軽く、動かしにくいから。それ以外で細くするメリットはありません。

あるとしたらデメリットで、切れやすいだけ。

細くする最大のメリットは、その太さではないとしっかり動かないルアーの大きさ、ワームの長さ、あるいはウエイトの重さを動かせること。そのバランスによってラインは細くします。

繊細な釣りをやりたい時には、**ラインの動きにワームとシンカーを追従させないとダメ**で、まずラインが動いてシンカーが動き、最後にワームが動くようにします。

極端な例では、１インチのワームに０・５グラムのシンカーのダウンショットで10ポンドのラインを使うと、ラインが太すぎてシンカーよりも先にワームが動いてしまう。

つまりシンカーがシンカーの役割を果たせません。だからできるだけラインは細くします。

もしくは一般的に使うウエイト、１・３グラムに３インチのワームでのダウンショットの場合。確かに４ポンド以下にする必要はありませんが、それは近くのシャローを攻める時で、遠投する場合、もしくはディープであれば、ラインが太いと手元に伝わりません。

以上は少し特殊ですが、遠距離やディープであれば通常よりも細くする必要があります。

ちなみに逆もまた真で、ラインを太くしないとポテンシャルが発揮されないこともあります。ビッグクローラーベイトはまさにそうで、繊細に動かしたいから12ポンドを使う、というのは大きな間違いです。

重いラインがロッドから垂れ下がることを利用して動かすことでより繊細に動き、またそれが重要になります。なのでPEよりも重いフロロで、最低16、できれば20ポンド。

レイドジャパンでは、**ダッジは16、デカダッジは20ポンドが推奨です。**

ほかのプラグもしかり。

基本ラインが細いほどプラグは自由に泳ぐので暴れやすい。となると、タイトに動かしたい、もしくは根掛かりなどを考慮すると、クランクなどでは太めにしたほうがいいこともあります。

シャッドで水質がクリアだと、つい見切られるからと細くしがちですが、シャッドの釣りでバスがラインを直視することはほぼありません。

むしろ動きをタイトにしたほうがメリットが出るので、そうなるとラインは太め、ベイトフィネスで12ポンド程度がいいでしょう。

このように、知っているだけでは理解できないことは多く存在します。

ラインを細くすればいいと知っているだけでは、本当のメリットを享受することはできません。

自分が使うルアー、リグを理解することで、１００％の力を引き出せるラインをキチンと選ぶことができます。

少し長くなりましたが回答としては、ラインが細いから釣れるのは事実ではありません。

ここまで読んでもらえれば分かってくれているとは思いますが、ルアーやリグによっては、ラインが細いほうが釣れることがある。

もっというと、**ルアーやリグによって、ラインの太さを変えることでより釣れる。**

これが事実です。

【ルアーマガジン編集部員がカナモに質問】

Q

デビュー当時はブレーキブロックを全部抜いたリールでフルキャストしていましたが、最近のベイトタックルのセッティングについて教えてください。

A

「現場に立って何を投げるかを決めた上で、最適なブレーキを選んでいます」。

ちょっとレアというかアレというか、そんな質問ですね（笑）。

昔の自分のスタイル、10年ひと昔ならふた昔前の話ですが、当時は野池や河川でブン投げる釣りをしていました。

遠投が効くバイブレーションなんかで、いい意味で投げ散らかして釣っていくのが好きで、とにかく遠くに飛ばしたいということでブレーキを抜いたりもしてましたね。

これがひと昔前にベイトフィネスが登場して、いまやスタンダードなタックルになりましたが、少なくともベイトフィネスでノーブレーキということはやっておりません（笑）。

意味がないので。

軽いルアーをミスなくしっかり送り込んで動かすベイトフィネスの釣りでは、遠くに飛ばすメリットもスピーディに投げるメリットもないからです。

そんなわけで、リールの回転スピードを上げる理由がない釣りに関してはスタンダード、普通にブレーキは使っています。

まぁただ昔の経験もあって、人よりはブレーキの設定が緩くても投げられますが、基本はそんな感じです。

あとはベイトフィネスじゃなくても繊細な近距離戦をする時にはブレーキは使うようになりましたね。

つまりは**ケースバイケース。**

現場に立って何を投げるかを決めた上で、最適なブレーキを選びます。

なので現状ではノーブレーキのリール、ブレーキを解除しているリール、ブレーキ設定をしているリールの3タイプを用意して適宜選んでいます。

ふた昔、20年も経つとさすがに引き出しは増えるんですよね（笑）。

第4章

カナモスタイル編

これまでの回答が、基本となる正解にカナモリタカシらしさを加えたモノであるならば、本章の回答は、カナモリタカシ成分はめっちゃ濃い（笑）。回答者によっては大きく異なる内容で、ときには受け入れられないこともあるかも。でも、全力回答なのでお許しを！

Q.41

でかバス

50アップを釣るために大切なこと

金森さんに質問なのですが、川村（光大郎）さんがよく「カナモはいつもでかバスを釣ってくる」と言っていますよね。僕はバス釣りを始めて6年経ちましたが、まだ45センチが最大で50アップを釣ったことがありません。50アップを釣るために一番大切なことは何ですか？

A.41

「その時期、その場所で、一番いい条件を見つけること、見抜くこと」。

釣り人が何に重きをおいて釣りをするかで、その人のスタイルは形成されます。

僕の場合はその時期、そのフィールド、スポットにおいて一番でかい魚を自分なりのアプローチで釣りたいということ。

数を釣るよりもとにかくMAXサイズを釣りたい。

だから今のスタイルがあると思います。

まずはそこから。

自分がどういった釣りをしたいと思って、どういうことを実践しているか。であれば、スタイルとして数を釣りたいと思っている人が、積極的にでかバスを釣りたいと思うのは、ちょっと矛盾してますよね。

数を釣っていく中で、でかいのが混ざればというのであれば、数釣りを貫くべきでしょう。

でも**でかいのが釣りたいとなると、ある意味、数は捨てないといけません。**

ということもあって、ここが一番コアな最初の考えとして伝えておきます。

そして第二段階。

何が重要かといえば、僕的にはこのスタイルで15年以上釣りをしてますが、すごくシンプルで、ひとつはっきり言えるのは、複雑な思考、行為はＮＧ。

その時期、その場所で、一番いい条件を見つけること、見抜くこと。

これが回答です。

その中でのひねり方が、いわゆる崩しとしてありますが、まずは素直に季節とフィールドを見ていくと、そこには一番生きている、ベストスポットがあるはずです。

逆に死んでいる、ワーストスポットもあります。

例えば夏。

川であればカレントが安定的にあって、流れが強くてベイトが集まるスポットは、どう考えてもベストです。

逆にワーストは、水がよどんでいてシェードもなくて水深も浅いスポット。いわゆる終わってる状態ですが、ここにだってでかバスはいる…かもしれませんが、ワーストスポットにいる魚を釣るのは極めて難しい。

つまり、そんなバスを釣ろうとするということは、ムダな思考と時間を費やしているだけ。

でかバスがいて、さらに釣りやすい環境をジャッジするというのがやるべきことです。

広いフィールドで季節を象徴して生きているスポットを見出さないといけません。

でかバスを釣るのは小手先ではなく、しっかりとした考え方と状況を判断する確かな目が必要です。

これは一朝一夕でできることではありません。


常に意識して条件を探す。


この季節、このフィールドだったらどこがいいのか？

それが分かれば後はシンプルに、そこにベストなルアーをチョイスしてやる。

例えば同じ質問で、でかバスを釣るにはビッグベイトを投げればいいよという回答もあるでしょう。

それには個人的には正直〝？〟です。

ハイシーズンにでっかいルアーを投げればでかいバスが食ってくる。これは確かにあるし間違えてはいません。

でも、大きいルアーには反応しないタフなでかバスもいます。あるいは小さいシルエットじゃないとだませないとか。

個人的にはそれって一番最後でいいのではないかと思います。

ただし、明らかにでかいベイトがいて、それをガバガバと追っている状況であれば当然間違えてはいませんが。

なのでシンプルに、その時期、状況にマッチした場所を探し出して、ベストなルアーをチョイスする。そのためには、**固定概念にとらわれすぎない。**

雑誌で読んだから、動画で見たからこの状況ならこれ！　ではなくて、自分の目を信じましょう。

でかバスを釣るのに、イージーチャンスはありません。

だから僕は粘るんです。

しかもオカッパリは、ボートと同じように魚と対等の状態ではありません。

皿池で一周できたとしても届かなかったり、遠投したら精度が出ないとか。

ボートならあり得なくてもオカッパリならあり得ます。

オカッパリでその時生きているスポットは正直それほどありません。

であれば、これがボートとの違いでもありますが、そこにしっかり居座って、いい場所の特徴をより深く理解して、より少ないチャンスでいいバスを一発で仕留めるのが、今の僕の考え方と強みでもありますが、ある意味弱みでもあるスタイルかもしれません。

粘るのはあくまで僕のスタイルなのでご参考程度に。

人によってはそれがラン＆ガンになるでしょう。

それこそ試してみて自分のスタイルを構築してください。

Q.42

知識

バスの
生態について

こんにちは！　僕はもっともっと釣りが上手くなりたくて金森さんにどうしても聞きたい事があります。金森さんを始めプロの方はバスの生態に関してどうしてあんなに詳しいのですか？　プロだからといってしまえばそれまでなのですが…。すべては経験なのでしょうか？　それても本とかあるのですか？　研究とかしてるのですか？　お忙しいとは思いますがよろしくお願いします。

A.42

「知識からの経験と検証。大事なのは、見ること、比べることです」。


プロだからです…。なんつって（笑）。

とはいえ、プロと言われているだけの経験、これがバスの生態を把握する上では一番大事です。

もし学術的な本があるとしたらぜひ買いたい（笑）。

なので、そういう知識の増やし方はしていません。

それに研究をしようにも、バスを飼う施設があったりするわけでもなく、もちろん今から飼うのは不可能。そうなると、現場でひとつひとつバスの生態を気に留めていくしかない。

その上で、キーワードが必要になりますが、それは何か。

いわゆる季節感、**シーズナルを知っておかないといけない。**

今であれば雑誌や映像などを通して学ぶことはできる。

だからまずは、いろいろなプロの解説しているメディアを読んで見て学びましょう。

ただし、それだけで生態を理解できるかといえばそうではない。

あくまでそれは知識であり、土台になるだけなので、それを普段自分が通っているフィールドで検証すること。その中で、魚の行動やルアーに対する反応などを釣行ごとに気に留めておくのが、基本的なバスの生態を身につけるための要素になります。

ここでより大事なのは、現場にある小さなヒントをどれだけ取りこぼさずに気付けて取り込めるか。

そのためには目で見ること。

仮説を立てて検証しようにも、目で見えないとイメージだけで定かにならず、回数を重ねないとなかなか検証はできません。

つまり時間がかかります。

そこで、時間をかけずに実証できるのは…、サイトですね。

目で見て魚の動きであったり反応を確認する。

見たモノは真実に近いはず。

ただし、ここで気をつけないといけないのは、見ることで確認ができるのはあくまでも見えたそのフィールドでのお話。

見ることが難しいマッディウォーターやステインウォーターなど、フィールドのタイプが違うと、それもまた変わってくるということは覚えておいてください。

では、トータルで何が最も経験地を高めることができるか。


それは人と釣り比べること。


ルアマガ的な発言としては（笑）、だからこそ僕は陸王に気持ちを入れて出場しています。

自分だけの釣りであれば、パーフェクトだと思う釣果を得ても、それすら超えてくる人間がいる。

自分とは違うエリア、違う釣り方で魚を釣る人がいるという事実を知ることで、それがものすごい情報量と経験値になる。

ただこれは、不思議と勝つよりも負けることでより強く養うことができたりしますが（苦笑）。

もちろん勝ちたいとは常に思っていますが、負けることこそが、実は自分の釣りのステップアップにおいては大事なことになっています。

ただ陸王というステージは特別なので、みんなの釣りでいえば、少しでも多くの友達と一緒に同じフィールドに行くこと。

情報を共有することで経験値は手にすることができるはず。

みんながみんな真剣に楽しめば楽しむほど、ソリッドな答えが出てくるので、それはものすごい財産になるでしょう。

ひとりで釣りに行くのもいいけれど、多くの友達と多くのフィールドで遊ぶことによって多くの情報を手にして、必ずそれを改めて検証してみる。

その反復が大事です。

いわゆるプロとか、うまいとか言われている人も、きっとそういうことを繰り返してきているはず。

そんなより多くの人とより多くの場所で楽しめる機会を大事にしてください。

Q.43

コンペティション①

陸王での
プラクティスについて

来年からトーナメントに参加してみようと思います。そこで質問です。陸王の練習で、金森さんがもっとも重視しているのは何ですか？

A.43

「精度。どれだけそのフィールドを理解できるかに尽きます」。

えっと、聞く相手を間違えてない？（笑）。

でも考えると陸王では、青木大介、江口俊介、河辺裕和さん、そして決勝戦も入れれば、関和学さん、沢村幸弘さん、林圭一さんといった錚々たるメンバーにも勝利してますから…、ひょっとしてオレ、トーナメンター!?

とまぁ、陸王にしてもトーナメントでも挑み方は一緒でしょう、勝負の釣りという意味では。

でも最初は質問をくれた人と同じでした。

正直、どうすればいいか分からなかったんです。

要は何に注目して、何を優先するべきかという。

だから最初は普段やっている釣りを当て込んだんですけど…、それじゃあ勝てない。

普段の自分は一発系で、1尾でかいのを獲りにいこう！　ですが、それだと100％勝利するのは不可能。コンペティションの釣りとは完全に別物でした。

陸王で戦っていくたびにそれを痛感しました。

では、何が別物なのか。

着目点から違いました。

重視しているのは、練習。

つまりプラですが、勝ち負けはこれで決まります。

練習の精度が高ければ勝てるし、低ければまず勝てません。

精度というのは、普通の人は目先を考えて、ただ釣れるか釣れないかにこだわりますが、練習でどれだけ釣っても意味はありません。

それはただのプラキングです。

プラキングは本番に弱い。では何をするか。

例えば陸王なら、プラを始めた数日後の本番に対する準備です。

どう準備するか。どう整えるか。

その整え方は人によってさまざまですが、極論を言えば、**魚の動きと地形。**

これさえつかめていれば、急激な変化でもなんとかアジャストはできる。

それに加えて、**その季節、場所の「今」をいかに理解するか。**

フィールドの特徴、フィールドの今、そして数日後の試合の日を考えて、天気予報やプレッシャーをシミュレーションして、どうアジャストしていくかを総合的に予想し、その瞬間に判断していく。

でも、目先の釣ることばかりに必死になってしまうと、魚の動きと地形を見逃してしまいます。

ちょっとした動きや変化をどれだけ精度高く詰め込んでいけるか。

例えば奥田学さんと高知県の波介川でやった陸王はまさにそうでした。

当時の記事にも書いてありますが、数日後に台風が来るとのこと。

雨風がハンパなくなるのは分かります。

その時そのフィールドがどういう状況に陥るか？

まぁ濁って増水するでしょう。

だから、増水した時にどのスポットが生きるのか、ダメになるのかを地形と魚の動きを見てシミュレーションしました。

フィールドをひと通りチェックする中で、すべてメモにとる。ここは増水したらいい、でも減水はダメ、濁りが入るといい、でも通常はダメ。

こんなふうに、エリアの特徴と絞り込んだスポットの特徴を、本選の時の天候に照らし合わせて当てはめていく。

だからブレることなく、マッチしたスポットをマッチしたルアーでラン&ガンできたというのがあります。

たまたま練習でよく釣れたルアーでごり押しするのではなく、そのスポットに合わせたルアーを選んで釣っていくという展開ができたんだと思います。

ある意味、あの試合はその時の自分のステップアップを象徴しました。

つまり、一番大事なのはそこです。

目先のことを考えない、先を想定したシミュレーション。

自分がどれだけそのフィールドを理解しているか。それがコンペティションでは大事なのと、あとは勝負事である限りは、一発でかバス狙いはＮＧ。

いかにそのフィールドのアベレージを釣り続けられるか。

ということは、そのフィールドのアベレージに対しての好む地形や特徴を見つけ出すことが大事になると思います。

ではでは、地形の変化と魚の動きというのは、どうやってチェックするの？

というのは、長くなってしまったので…、また質問をください（笑）。

Q.44

コンペティション②

勝つための
ルアーセレクト

陸王のルアーセレクトを見ると、ライトリグが多いように思います。やはり勝つためには、ハードベイトだと厳しいのでしょうか？

A.44

「絶妙なことに、陸王ルールだとそうなると思います」。

ぐぅの音も出ません（苦笑）。

質問をくれた方はここまでかは分かりませんが、「いつもハードベイトだなんだって言ってるのに結局ライトリグかよ！」と思ってる人も多いのではないでしょうか。

自分でもそう思います（苦笑）。

ただ、自分が今まで好きでやってきたベースのスタイルである巻く釣り、ハードベイトの釣りは、あくまでそのフィールドの一番でかい、その時獲れる一番でかい魚を獲るための選択肢としてやってきたスタイルです。

陸王の釣りは、１尾を競う釣りではありません。

１尾のビッグサイズ勝負ではなく、あくまで5尾の勝負。

仮に55センチ・２１００グラムを僕がメイクしました。

でも対戦相手が35センチ・７００グラムを5尾釣っていれば、いとも簡単に負けてしまいます。

それくらい5尾のリミットというのは絶妙ですね。

これが3尾ならいつものストロングなスタイルでもいけると思います。

でかいのだけに照準を合わせよう。

でもこれは、５尾を確実に獲れる釣りではありません。それはどの時期、どの場所でも。もしうまくハマることがあれば、釣れないことはありませんが、計算できる釣りではありません。

そうなると5尾のリミットはやはり絶妙で、確実に獲れる釣りが必要になります。

まず確実に5尾を揃えてから大きいのを狙うという展開になります。

今までの僕の陸王での戦いを見てもらえば分かると思いますが、リミットを獲ってからの展開はストロングに変えることが容易にできています。

ただ僕が呼ばれる試合の多くは、リミットを簡単に獲れる展開にはまぁなりませんね（苦笑）。

２０１５年の河口湖・西湖（vs加藤誠司さん）では、ワーム禁止のフィールドだからこそ、ポークなどの選択肢ではなく、本来の自分のハードベイトに照準を合わせてやり抜きましたが…、見てもらった通りです。魚と自分がちょっとズレただけで、ああいった緊張感のある局面では、バラしたりとリスクも多く出てきます。

魚をきちんと獲りにいこうと考えると、絶対的に質問された通りに、ライトリグ中心の展開になってしまいます。そして、ぐぅの音も出ません（笑）。

過去の陸王戦を振り返っても、いいウエイトを出せた時というのは、普段の自分の釣りと陸王での釣りとがきれいにクロスオーバーしています。

でもそれがどちらかに偏ってしまう、例えばフィネスだけだとローウエイトで辛くも勝つとか、ハードベイトだけでやり抜くと、ミスしたりバスとうまくリンクできなかったりして悔しい思いをしたりとか、納得できる展開にはなっていないはずです。

好きな釣りと勝負の釣りは同じ釣りでも種類が全く違います。

日本では野球でもアメリカではベースボールと、基本は同じようでも違うように、勝つための釣りと一発獲る釣りとは自分の中では違うなと理解していて、それが交差する釣りを模索している最中ですね。

そんなわけで陸王が、好きな釣りと勝負の釣りの両方が融合して美しい展開になることを願って精進している毎日です（笑）。

Q.45

スタイル①

釣りの軸を作るには

自分の軸となる釣りが分からないのですが、これが自分の軸だと確定させるために必要なことは何ですか？

A.45

「第一は好きな釣り、好きなルアー。あとはスタイルから考えることもできます」。

自分が立ち返る場所があることは、釣りにおいてはめちゃめちゃ大事です。

なので質問にあるように、軸は必ず決めましょう。

では、どうするか。

まずは最初のステップです。

やっていて楽しいなと思う釣りを軸にすること。

好きだな、楽しいなという釣りを軸におくことによって、その釣りはドンドン理解できるようになります。

あぁこの釣りはこの時期のこういう場所に強いなとか、一日の中でもこういう場所のこういうタイミングに効くなということです。

それが分かればそのルアーを補うためにはどんな釣りが必要なのかというのも自然と出てきます。

これが一番簡単で分かりやすい軸へのエントリー方法です。

で、次のステップ。


自分の釣りのスタイルをどう捉えるか。


大きく分ければ、ラン&ガンなのか粘りなのか。

これによって軸も決まります。ただこの軸はあくまでスタイルなので、ルアーではありません。

ラン&ガンをやる人であれば、ムダなことをせずに精度高くひとつのポイントに対して正解に近いことを繰り返して、的確なジャッジをしていかなくてはいけません。

スタイルを貫くために、そのポイントがどういう特徴を持っているのか。あるいはスポットに対してどのルアーをどれだけ入れるのがベストなのか。さらにいえば、どのルアーを投げて反応がなければ見切っていいのかというジャッジです。


これは粘りも同じで、何をもって粘るか。


エリアの特徴、季節の特徴、それに当てはまるスポットでどんなルアーでどう調べて、さらにどうルアーをローテーションさせていくか。これが重要になります。

例えば朝夕の時間帯だけ釣るのでも、動くか動かないかで釣り方は大きく変わってくるでしょう。

スタイルというのは軸なんです。

とはいっても、スタイルの軸というのは、少し難しいかもしれません。

スタイルを貫く有効な立ち回り方を考えないといけません。

難しければ、軸と言うと、とかくルアーという考えになりがちですが、スタイルという軸もあるとだけ覚えておいてください。

最初にも書きましたが、釣りを上手くそしてもっと面白くするのが軸なので、まずはルアーかスタイルかで決めてみるのもありかなと思います。

Q.46

スタイル②

釣れないときにするべきこと

初めて質問させていただきます！　今年に入って１度釣りに行きましたが結局、１尾も釣ることができませんでした。釣果がすべてとは思っていませんが、やはり釣れないと自分の身になることは少ないような…。例えば、釣れないなら釣れないで、その釣行も糧にするために、カナモさんが意識して実践していることはありますか？　分かりづらい質問ですみません。

A.46

「ノーフィッシュこそが未来の自分を作ると考えて次に繋げましょう」。

いやいや、分かりづらいどころかいい質問です！　ノーフィッシュの上に釣果が成り立つので、決して悪いことではありません。

でも決して楽しいことでもありませんね(苦笑)。

未来の釣りを楽しくするために必要なのが、厳しい状況にカチ当たった時のボウズで、絶対に必要な経験だと思います。

確かにここが短期間で上手になる人といつまで経っても上手くなれない人との大きな差にはなります。

ノーフィッシュをどう処理するか。

ある程度のキャリアがあれば、経験値から考えられることが多くなります。これで反応がなければ次はこうしようとか、むしろこっちでアプローチをするべきだったとか考えることができます。

もちろん次が釣れるかは別問題ですが。

では、僕が個人的にノーフィッシュを処理するためにどうしているかというと、「人と釣りに行く」です。

人と行ってまったく同じことをやる、あるいはまったく別のことをやることで、正解にたどり着く確率が倍になる。つまり、効率がよくなります。

丸１日やって分かることが半分で済みます。さらに一緒に考えられる。ひとりで悶々とやるよりもスッキリする。

だから釣りを始めて間もない人や、キャリアはあるけどなかなか釣りに行けない人などにはベストな対処法だと思います。

とは言っても友達と時間が合わないこともあるので、ひとりで釣行しかできないとなれば、色々なやり方はありますが、誰にでも平等な処理の方法としては、徹底的に極端なまでにやってみることでしょう。

例えばメタルジグを使ってノーフィッシュだったら、次もメタルジグをそれこそ丸一日徹底的にやる。

もちろんただなんとなくではなく、テーマをもって突っ込んでみる。これが大事です。

テーマを決めて検証する。

上達したいと思うのであれば当たり前ですが、なんとなくは止めましょう。

もちろんレジャーとして釣りを楽しみたい人もいるので完全否定はしませんが、忍耐強く、ストイックに考えて釣りをすることを身に着ければ、1年2年と経った時に、引き出しの数はきっと驚くほど多くなっているはずです。

理論上、上手い釣り人ほどノーフィッシュにはなりにくいんですが、上手い釣り人ほど、ノーフィッシュとしっかりと向き合っていると思います。

なので、ノーフィッシュを恐れずに釣りに行ってください。

決してマイナスではありませんよ。

Q.47

スタイル③

スランプ脱出法

釣れてる時はいいんですが、急に釣れなくなった時に、自分の釣りが分からなくなったらどうすればいいですか？

A.47

「一番やり込んできた釣り、一番自信のある釣りを貫くしかありません」。

逆に質問、『釣れなくなると自分の釣りが分からなくなる』ということは、確固とした自分の釣りは持っていないということでしょうか？

少し厳しい言い方かもしれませんが、これが自分の釣りだ！　と思える釣り人は、立ち返るスタイル、釣り方があります。

釣れないと思った時ほど、一番やり込んできた釣り、一番自信のある釣り、**つまり自分のスタイルしかありません。**

僕の場合だと、総合的に考えて確実にここがいいという場所でじっくりと向き合ってチャンスをうかがい、そのチャンスまでいろいろなルアーをとっかえひっかえ繰り出して、ただ待つんじゃなくて仕掛けて待つ。

つまり、これが僕のスタイルです。

釣れなくて焦ることはいくらでもあります。

でも、そもそも簡単に釣れないのが釣りですからね（笑）。

釣れている時はもちろん楽しいですが、釣れない時こそが釣り人を上手にしてくれます。

それによって考える時間も与えてくれます。

ここ何年か個人的に思っているのは、釣れないのも釣りだということと、釣れないことを受け入れること、そして釣れなかった原因、ミスを受け入れること。


避けられないミスをどうやって受け取るか。


それによってもっと面白くなるし上達もするし、発見にも繋がります。

逆に釣ることばかりを考えると、本当に大事な釣ることの前にある必要なことを手に入れることができません。


目先の釣果ばかりに気を取られると、スタイルはなくなってしまいます。


でも残念ながらこれ、最近の釣り人のほとんどに当てはまることだと思います。

ネットやＳＮＳで情報を探す↓見つける↓その場所に行く↓釣れた釣り方を真似する。

やっているのはこれだけ。

自分のスタイルや釣り方を探すまでもなく、ただ情報の確認、もしくは情報に振り回されている。

それは正直もったいない。釣り人の数だけ個性やスタイルがあってもいいはずなのに、釣果最優先、情報至上主義になり過ぎている。

もちろん釣れたほうがいい。でも目先の釣果だけを追求しない、踊らされないで欲しいなということ。

釣れなくても『オレはこれだ！』と自信を持ってできる釣り、結果それが本当の自分の釣りです。

釣れている時はいいけど、釣れなくなった時に分からなくなるのは、まだ自分のスタイルも得意な釣り方も考え方も確立されていないからでしょう。

それは困ることではあるとは思いますが、決して悪いことではありません。

そこから自分のスタイルを確立すればいいってことです。

つまり乱暴な言い方ですが、答えはありません。

人間は面白いもんで、調子の悪い時にどうするか。

アスリートがまさにそうで、調子が悪いなりに投げられるピッチャー、走れるランナーのようになるのが理想です。

でも、いきなりできることじゃ絶対にありません。

長くやっていくうちにそれぞれが見つけていくことなので、自分に正直でいいと思います。

これが流行っているからとか、評判がいいからとかは関係なく、自分がこれならやり切れるとか、楽しいとか、性格に合うとか、そういったものを掘り下げて突き詰めていくことが大事でしょう。

今の釣り人はホームがない状態です。

そうなると文字通り野宿しかないので確かにそれはキツいはず。

だからこそ安心できる家、得意な釣り、自分のスタイルを建てることが、長い目で見ると必要だし、あったほうが当然迷うこともなくなるはず。

好きなルアーって、釣れなくても投げているだけで楽しいですからね。

毎年毎年少しずつでもいいからルアーに対する理解を深めていって得意にしていけば、この釣りで釣れるシチュエーションは？　という方向の脱出法もできます。

ルアーじゃなくてスタイル、例えばラン&ガンなら、分からないから片っ端から撃ってやれとか、僕のようにじっくり詰めていくというのであれば粘るのもいいでしょう。

それが確立できれば遊び方としてもっと面白くなると思います。

焦らず流されず、振り回されずに楽しんでください。

少し堅苦しい回答になってしまいましたが…、たまにはいいかな（笑）。

Q.48

スタイル④

上達するために
必要な知識

金森さんに質問したいんですが、どういった知識を蓄えれば上手くなりますか？　私は、バス釣りを去年始めてまだ1年も経っていないんです。正確には15～16年前に少しやっていたんですが、当時は子どもで何も考えず好きなルアーを適当に投げていました。サンデーアングラーなので、釣りに行くたびにしっかりと考えながら1日を大事に釣りたいと思っているのでよろしくお願いします。

A.48

「他人の知識よりも自分の物差しを作ってください」。

以下、真面目に答えます。だからこそ誤解して欲しくないんですが、釣りを始めて1年。ある意味復活になるのかな。なにしろ一番楽しい時期ですよね。

やれることがどんどん増えていきます。

キャストが決まるようになってきた。特定のルアーの使い方もしっくりくるようになってきた。

通っているフィールドも攻略法が見えてきた。というように、いろいろなことが実感できるタイミングです。それがもう数年続くと思います。分かってきたこともさらにアップグレードできるはずです。

だからこそあえて言います。

知識は不要です。

こんな時代だから、情報は無制限に入手できると思います。そこであえて言います。

無責任な情報が多すぎます。

そんな情報を大量に詰め込むことはものすごく危険です。せっかく楽しく遊べているのに、無責任かつムダな情報を知識として入れて頭でっかちになり、頭が優先されるのは遊びとして非常にもったいないです。

「週末を充実して楽しくやっている」と書かれている言葉は個人的にもすごくうれしいのと、より長く大事に楽しんで欲しいと思うからこそ再び言います。

知識は入れなくていいです。

これだけだと僕も無責任になるので（笑）、このベースの上で答えます。

知識よりも体験です。

知識はしょせん人が作った物差しです。それよりも大事なのは、体験や体感して作り上げる自分の物差し。

それがある程度できた時に、初めて他人のセオリーやパターンという知識に照らし合わせてください。

自分の物差しができていればさほど問題ではありません。

でも何もない状況では、無基準、無責任、無謀でしかありません。

自分の物差しがあれば、判断ができます。自分の意思で行った体験や体感は、自分の中では真実です。

それでこそより意味のある知識に変えていけるでしょう。

バス釣りを長く楽しみたいのであれば、僕のこの提案には即効性はありません。

でも５年10年といったスパンで考えれば、自分の釣りができる釣り人になっているか、もしくは常に情報や他人に流されて何を基準にすればいいか分からない釣り人になっているか。ここが大きな分岐点になると思います。

あと１年２年でいいので、自分の体験、体感を大事にして自分の物差しを作ってください。

そうすればきっと、なんらかの情報を見聞した時の判断基準になってくれるでしょう。

僕も今まで釣りをしてきた中で、そういった無責任、表面だけの情報に近づいていったことは正直あります。

だからこそ大事なのは、世間一般の情報よりも自分の物差しだと考えるようになりました。

とても心に刺さる質問だったので、答えにはなっていないかもしれませんが、僕の本心をぶつけてみました。

これからも思う存分楽しんで釣ってくださいね。

Q.49

スタイル⑤

粘る理由と
見切る理由

金森さんは粘りストというイメージが強いですが、実際に粘る価値のあるエリアと、すぐに見切るエリアの違いは何かあるのでしょうか。状況などにもよるかとは思いますが、基本的な区別の仕方を教えてもらえればと思います。

A.49

「自分の物差しでフィールドを計ったときに確信が持てるかどうか、です」。

ラン&ガンと粘りというと、オカッパリにおけるスタイルの二大勢力というイメージがありますが、実際はほとんどの人がラン&ガンになるのではないでしょうか。

それだけ粘ることは特殊だし、釣り人の性格もあると思います。

だけど、性格を抜きにしても、**粘ることは、確信がないとやれないことです。**

自分の物差しでフィールドを計った時に確信が持てるかどうか。これが大きいです。

つまり、確信を持つために、フィールドをしっかりと計るための物差しが必要になりますが、それが今回の質問の意図ではないでしょうか。

そうなった時に、いきなり「粘リスト」カナモリタカシの核心を話すのはウルトラハードコアな内容になってしまうので（笑）、まずは簡易版の物差しを紹介します。

粘るために一番最初に気にすること、それは季節や状況によってまちまちです。

でも季節や状況を問わず、絶対的に不変のものがあります。それは何か。

〝バスの供給があるかどうか〟です。

これはどんなフィールドでも当てはまることで、回遊の頻度が少ない野池でもそう、回遊が多いリザーバーや河川ならなおのこと。

いま自分がいいと思えるかどうかの局面に立っているスポットが、放っておいてもバスやベイトフィッシュが回遊してくる、上流から下ってくる下流から上ってくる、クリークから入ってくるといった、魚の動きがあるかどうかが一番重要です。

自分がロッドを振っているリールを巻いている、釣るという動作を繰り返すスポットで、魚がいるかいないか。

当たり前の話ですが、どんなにすごい道具を持って素晴らしいテクニックを駆使できても、魚がいなくては釣れません。

なのでまず見るべきは供給、魚の密度。

さらに密度の濃い薄いはどうあれ、時間が経っても継続できるのかどうか。

それがファーストステップです。

次の物差しは、エリアの中でバスがフィーディングに出られるスポットが存在するかどうかです。バスはいる、ベイトもいる、供給はオッケー。でもバスがベイトにチェイスをかけにくい場所であれば、フィーディングの頻度は低い。つまり、ルアーを食ってくる確率も低い。

バスがベイトを簡単に追い込める、食える地形や流れがあるかどうか。

そして三つ目の物差しは、先行者がいてもダメージがない、プレッシャーがかかってもケアできる環境があるかどうか。

要は広さ、深さ、流れなど、プレッシャーが溜まっていくだけのスポットもあれば、影響を受けにくい、リセットしてくれるスポットもあります。

この三つを季節、状況を問わず、頭で考えて、目で見て、ロッドを振って感じたところと照らし合わせて、問題ないと思えれば、そここそが粘るべき場所ということです。

あとはルアーをローテーションをしていく中で、今の魚にマッチしたルアーを入れていけばいいということ。

以上が簡易版ですが、粘るための物差しになりますのでご参考に。

Q.50

スタイル⑥

引き出しの
増やし方

過去にいい思いをした釣りにすぐに頼ってしまいます。もっと引き出しを増やして、金森さんみたいに状況を打開できるようになりたいんですが…。どうすれば引き出しを増やせるのでしょうか。

A.50

「自分の釣りに足りない部分に気付き、それをしっかり深く掘っていくこと」。

フィールド、釣り方問わず、好きな釣りや得意な釣りに頼るというのは誰でもそうでしょう。かくいう自分もその渦中にいます（苦笑）。

今でも常に新しいことにチャレンジしているとは思っていますが、僕の場合はサイトフィッシングがそれに当たります。

好きだし得意だし、人がやっているサイトとはアプローチも違うと自負していますので、人が落とせなくても落とせる魚もいると思います。

そこに頼ったここ数年間、**サイトが大きな軸で、巻きモノがもうひとつの大きな軸。**

それ以外はそのほかの引き出しとしてスタイルを構えています。

自慢ではありませんが、引き出しの数は随一でしょう（笑）。

でもその引き出しには数だけではなく、深いか浅いかという面もあります。

釣りにおいては、ウソみたいな話ですが、**自信がないことをするほど釣れないことはありません。**

だからこそ引き出しは増やしたい、どんな状況でも釣れるようになりたいと誰もが思うし、逆に、そうするためには自信を持ってやれることを増やす。これがどんな状況でも釣るための近道です。

でも引き出しは、いきなり明日から作れるものではありません。

ちょっとずつ少しずつ時間をかけて身に着けるものです。

釣りはとかくキャリア、経験がものを言う世界です。時間をかけてやり続ければ軸になるし、それが僕の場合はサイトであり巻き物だったということです。

では、そのふたつよりはやり込んでこなかったこと、例えば「カナモってカバー撃ち上手？」と聞かれると「めっちゃ普通！」。

これです（笑）。

もちろん、このカバーならこのリグ、このシチュエーションならこう撃つというのは理解できています。ただその精度がどれだけかと言うと、胸を張ってすげぇぞ！とは公言できません。いわゆるメディアで釣りをさせてもらっている立場としては当たり前程度の普通レベルでしょう。

引き出しの数がものを言うこともあれば、数よりも深さのほうが重要になることもあります。いや、どちらかと言えば深さのほうが重要なことは多いでしょう。

だからこそ現状を打破するためには、**いろいろなものにやたらめったら手を出すのではなく、まずは自分が釣りをしている中で足りないことに気付くこと。**

そしてそれについての引き出しを深くすること。

「そうはいっても何が足りないか分からないよ」と言うのであれば、人と釣りに行ってください。自分には釣れない、でも人は釣っている。じゃあその差はどこ? こういうシチュエーションが苦手、でもアイツは釣るよなということが分かります。

そうやって散々足りないと分かったことを掘っていった結果が、今の自分だと思っています。

例えば、正直見ただけで反吐が出るくらい嫌いなのが消波ブロックでした。

この世にあるストラクチャーで一番嫌いなレベル(笑)。

でも2012年の陸王決勝戦で、北利根川の同じ消波ブロックを釣って青木大介に負けました。エリアも一緒、考え方も一緒、ヘタをすればスモラバの重さも一緒。

でも釣り負けた。

キャリアと実力の差を痛感したからこそ、その冬は大好きなバイブレーションを一切封印して、とにかく消波ブロックで有名なフィールドに行って触れることから始めました。上手な人に頭を下げて教わりました。

ただ、一から十ではなく基礎だけと頼んで教わったんですが、それでも最初は自信がないから釣れないいんですよね、バスは居るのに。

でも1年以上やり続けると、どうやれば釣れるかが分かる。

結果、大好きになりました。

これは自分だけではなくて誰にでも当てはまると思います。

そう、大嫌いなことをしましょう（笑）。

分かると途端に大好きになります。逆に好きでも嫌いでもないことはやっぱり途中で飽きるとか、ヘンに分かった気になって終わるとか、引き出しはできても深くならないことが多いので、ステップアップを目指すなら、まずは大嫌いなものから触ってみてはいかがでしょうか。

少なくとも自分はそうやってきましたので、なるほど！　と思ったらぜひ試してみてください。

ちょっとひと息

アングラーが語るカナモリタカシ

並木敏成

「年上の人に対する言動とか気遣いとか、逆に大人だなっていう面はあるよね」。

なみき・としなり
O.S.P代表。世界に名を馳せる現役レジェンドトーナメンター。並木さんが出演したドキュメント番組『情熱大陸』を金森さんが見て、プロアングラーを目指したのは有名な話だ。

「金森クンか…、取っ付きは決してよくないよね（笑）。ただ何年も前から知ってるし、ルアマガさんの取材だと10年ぐらい前に韓国に一緒に行ったね。釣りはその前にもしたことあるよ。それもルアマガさんだったかな、岡山近辺の野池を案内してもらったりしたよね。

なにより釣りに対してすごい真剣だし、それだけじゃなくて市場も含めて業界のこともいろいろ考えてて、そういう部分では単なる釣りバカじゃないんだよね。

やっぱり韓国の取材はすごくいい思い出で、一緒に部屋に泊まったし、そのときは自分のサンダルがめっちゃ臭くてさ（笑）。たぶんオカッパリした時に泥みたいなところに入っちゃって、オレは自分の匂いだから気にならなかったんだけど、カナモはどうにも気になったみたいで、サンダルを洗ってくれたんだよね（笑）。オレから洗ってくれとは言わなかったんだけど（笑）。

そういう楽しい思い出もそうだけど、年上の人に対する言動とか気遣いとか、逆に大人だなっていう面はあるよね。

アングラーとしてもスタイルはオカッパリだけど、よく研究してて、業界を盛り上げてる。

彼が駆け出しの頃、岡山の野池でバイブレーションなんかを投げてでかいのを釣っている記事を見てたりしたけど、いま脂の乗った一番いい年齢になって業界全体を引っ張って活躍してくれて、ホントにうれしいよ、ってなんか父親みたいなコメントだね（笑）」。

並木敏成

ルアマガブックス　002

ミスター陸王・カナモの必釣アドバイス!!

金森隆志の岸釣りQ&A 50

パート2

発行日　2019年3月1日　第1刷

著　者　　金 森 隆 志
発行者　　清 田 名 人
発行所　　株式会社 内 外 出 版 社
〒110-8578　東京都台東区東上野 2-1-11
電話　03-5830-0368（販売部）

印刷・製本　中央精版印刷株式会社

ISBN 978-4-86257-452-7